中等职业教育汽车专业理实一体化系列教材

汽车发动机构造与维修

（彩色版）

主 编 王玉珊　李鸣华　王辉

副主编 李传杰　丁世臣　贾学志　许　强

二维码总码

机械工业出版社

本书基于汽车维修行业相关岗位需求，以中职汽车运用与维修专业教学标准为依据，参考"1+X"技能等级证书鉴定标准组织教材内容，采用"工学结合、理实一体"的原则进行教学任务设计，以学生为主体，充分考虑学生的认知能力，并在教材内容中融入了"课程思政"，实现了课程思政与技能培养的有机融合。

本书主要内容包括汽车发动机总论、曲柄连杆机构的构造与维修、配气机构的构造与维修、发动机冷却系统的构造与维修、发动机润滑系统的构造与维修、汽油机燃料供给系统的构造与维修、发动机点火系统的构造与维修。

本书配有丰富的多媒体资源，包括课件、动画与微课视频和实训工作页（电子版）。

本书可作为中等职业学校、技师学院等院校汽车专业的教材，也可供汽车维修技工学习参考或作为培训教材使用。

图书在版编目（CIP）数据

汽车发动机构造与维修：彩色版 / 王玉珊，李鸣华，王辉主编 .
— 北京：机械工业出版社，2023.10
中等职业教育汽车专业理实一体化系列教材
ISBN 978-7-111-73999-9

Ⅰ.①汽… Ⅱ.①王…②李…③王… Ⅲ.①汽车–发动机–构造–中等专业学校–教材②汽车–发动机–车辆修理–中等专业学校–教材
Ⅳ.①U472.43

中国国家版本馆CIP数据核字（2023）第189675号

机械工业出版社（北京市百万庄大街22号　邮政编码100037）
策划编辑：齐福江　　　　　　责任编辑：齐福江　丁　锋
责任校对：贾海霞　张昕妍　　封面设计：陈　沛
责任印制：李　昂
北京捷迅佳彩印刷有限公司印刷
2024年1月第1版第1次印刷
184mm×260mm·13印张·209千字
标准书号：ISBN 978-7-111-73999-9
定价：59.00元

电话服务　　　　　　　　　网络服务
客服电话：010–88361066　　机 工 官 网：www.cmpbook.com
　　　　　010–88379833　　机 工 官 博：weibo.com/cmp1952
　　　　　010–68326294　　金 书 网：www.golden-book.com
封底无防伪标均为盗版　机工教育服务网：www.cmpedu.com

FOREWORD
前言

　　近年来，我国汽车销售量保持较高增速。作为中国支柱产业之一的汽车行业，拥有庞大的市场规模以及庞大的消费群体，行业发展稳步向前。目前，我国各大汽车企业正处于自主创新的重要阶段，掌握核心技术是提高企业核心竞争力，乃至国家整体实力的重要手段，因此，企业对于具备高技能和拥有良好职业素养的人才需求也日益增加。作为培养技能人才的职业院校，理应冲锋在前，将行业发展趋势、创新技术、职业规范和道德准则等传递给广大的学生和社会人士。为此，我们整合专家资源，组织一线教师进行研究后精心编制了本书。

　　本书内容包括汽车发动机总论、曲柄连杆机构的构造与维修、配气机构的构造与维修、发动机冷却系统的构造与维修、发动机润滑系统的构造与维修、汽油机燃料供给系统的构造与维修、发动机点火系统的构造与维修，共计7个项目17个任务。

　　本书具有以下特色：

　　1. 校企合作开发

　　本书采用校企合作开发模式，校方着力构建理论知识部分；企业提供专业相关的技术支持，包括提供针对课程的数字化资源专业制作服务，协同校方完善数字化资源品类，提升教材资源质量等。

　　2. "工学一体"编写

　　本书坚持"工学一体"的编写原则，引入企业真实情境，理论与实操有机融合，逐步引领学习者"做中学，学中做"。

　　3. 课程思政融入

　　本书通过"学习目标""课程育人"以及穿插的思考题等方式多维度体现课程思政，一方面帮助教师提炼思政要点，另一方面引导学生通过目标、案例、问题进行积极、深度的思考，以实现课程思政两大主体的有机融合，引发双向共鸣。

4.立体化教材打造

本书配套开发有实训工作页，在配备基本的课件、题库外，还针对重要知识点开发相应的数字资源，包括动画、微课视频等，以二维码的形式植入教材中。依托立体化教材，教师可轻松实现课堂翻转，学生可通过形象、生动的资源在轻松、愉悦的氛围中理解并掌握知识。

本书由哈尔滨市第二职业中学校的王玉珊、李鸣华、王辉任主编，哈尔滨市第二职业中学校的李传杰、丁世臣、贾学志、许强担任副主编，哈尔滨市第二职业中学校的开百军、郭士伟、王世超、靳由，牡丹江市职业教育中心学校的颜世勇，齐齐哈尔市职业教育中心学校的郭立新和徐建忠，大庆市建设中等职业技术学校的谷永臣以及同江市职业技术教育中心学校的孙海滨参与编写。本书的编写得到了上海景格科技股份有限公司的大力支持，在此表示感谢。

本书为中职院校汽车运用与维修技术专业等相关课程的教学用书，也可作为企业技术人员的培训教材，汽车维修人员和汽车技术爱好者亦可用于自学。

由于编者的水平有限，书中难免存在一些疏漏和不足，恳请各位读者提出宝贵意见，以便在修订时改正和完善。

编　　者

二维码清单

名称	二维码	页码	名称	二维码	页码
发动机基础认知与维护		001	认识活塞连杆组		039
认识曲柄连杆机构		019	活塞连杆组拆装与检查		046
拆卸气缸盖和气缸垫		032	认识曲轴飞轮组		052
安装气缸垫和气缸盖		032	曲轴飞轮组拆装		057
检查气缸盖和气缸垫		034	曲轴飞轮组检测		058
气缸体平面度的检测		035	配气机构基本认知		064

（续）

CONTENTS
目 录

汽车发动机总论

汽车发动机是为汽车提供动力的装置，是汽车的心脏，决定着汽车的动力性、经济性、稳定性和环保性。它一般由曲柄连杆机构、配气机构、燃料供给系统、冷却系统、润滑系统、点火系统（仅用于汽油发动机）和起动系统组成。

发动机基础认知与维护

✏️ 学习目标

知识目标

1. 能够描述发动机的分类。
2. 能够描述发动机的组成及工作原理。

技能目标

能够完成发动机总成的拆卸。

素质目标

1. 培养良好的职业道德和工匠精神。
2. 培养安全意识和团队协作精神。
3. 培养自我管理和自主学习能力。

任务 发动机的组成及工作原理

✏ 情景导入

　　客户赵先生驾驶一辆 2018 款别克威朗轿车，早晨起动车辆后，发现仪表上的发动机转速表指针上下跳动，并且发动机故障指示灯常亮。维修技师初步检查后发现 1 缸火花塞积炭严重。为了确定具体故障原因，需对发动机做进一步检查。作为汽车维修技师，请仔细查看服务顾问提供的汽车问诊表，并针对故障进行后续处理。

接车问诊表

车牌号：黑 A ××××　车架号：LSGBC×××××242755　行驶里程：104582（km）
用户名：赵 ××　电话：150××××2112　来店时间：2022.9.1
用户陈述及故障发生时的状况：早晨起动车辆后，发现仪表上的发动机转速表指针上下跳动，并且发动机故障指示灯常亮
接车员检测确认建议：检查发动机
车间检测确认结果及主要故障零部件：
车间检查确认者：

外观确认： 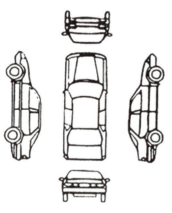 （请在有缺陷部位做标识）	功能确认：（工作正常√　不正常×） ☑音响系统　☑门锁（防盗器）　☑全车灯光 ☑工具　☑后视镜　☑天窗　☑座椅 ☑点烟器　☑玻璃升降器　☑玻璃
	物品确认：（有√　无×）
		贵重物品提示 ☑工具　☑备胎 ☑灭火器　☑其他（　　　） 旧件是否交还用户 ☑是　□否 用户是否需要洗车 ☑是　□否

　　检测费说明：本次检测的故障如用户在本店维修，检测费包含在修理费用内；如用户不在本店维修，请您支付检测费。本次检测费：￥××××元。

　　贵重物品：在将车辆交给我店检查修理前，已提示将车内贵重物品自行收起并保存好，如有遗失恕不负责。

　　接车员：张××　用户确认：赵××

一、发动机概述

发动机是汽车的动力来源，它是将燃料燃烧的化学能转变成热能，再把热能转变成机械能的装置。

发动机分为内燃机和外燃机两种。燃料在机器内部燃烧称为内燃机，反之则为外燃机。内燃机包括活塞式内燃机和燃气轮机。外燃机包括蒸汽机、汽轮机和热气机。内燃机与外燃机相比，具有结构紧凑、体积小、质量小和容易起动等优点。现代汽车广泛使用活塞式内燃机。

二、发动机组成

发动机是一台由多个机构和系统组成的复杂机器。虽然现代汽车发动机的结构形式和具体构造多种多样，但其工作原理基本一致，从总体功能来看，基本结构也大同小异，都是由两大机构和五大系统组成，即曲柄连杆机构、配气机构、燃料供给系统、冷却系统、润滑系统、起动系统、点火系统（柴油机除外）。

1. 曲柄连杆机构

曲柄连杆机构是发动机实现工作循环、完成能量转换的主要机构。它由机体组、活塞连杆组和曲轴飞轮组组成，如图 1-1-1 所示。在做功行程中，活塞承受燃气压力在气缸内做直线运动，通过连杆转换成曲轴的旋转运动，并从曲轴对外输出动力。而在进气、压缩和排气行程中，飞轮释放能量又把曲轴的旋转运动转化为活塞的直线运动。

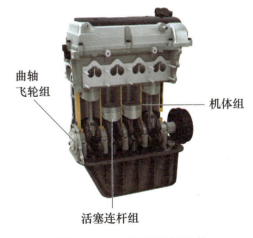

曲轴飞轮组

机体组

活塞连杆组

图 1-1-1　曲柄连杆机构

2. 配气机构

配气机构的功用是根据发动机的工作顺序和工作过程，定时开启和关闭进气门和排气门，使可燃混合气或空气进入气缸，并使废气从气缸内排出，实现换气的过程。配气机构大多采用顶置气门式配气机构，一般由气门传动组和气门组组成，如图 1-1-2 所示。

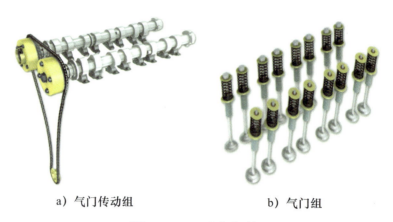

a）气门传动组　　　　　　　　　　b）气门组

图 1-1-2　配气机构

3. 燃料供给系统

图 1-1-3 所示为歧管喷射汽油机燃料供给系统，它的功用是根据发动机的要求，在进气歧管内配制出一定数量和浓度的混合气并吸入气缸，并将燃烧后的废气从气缸内排出到大气中。缸内直喷汽油机和柴油机燃料供给系统的功用是把汽油或柴油和空气分别供入气缸，在燃烧室内形成混合气并燃烧，最后将燃烧后的废气排出。

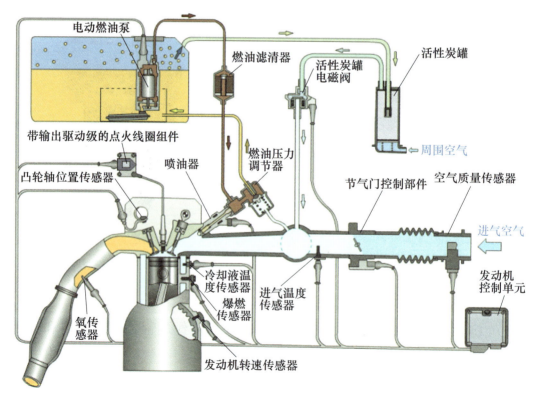

图 1-1-3　歧管喷射汽油机燃料供给系统

4.润滑系统

润滑系统如图 1-1-4 所示，它的功用是向做相对运动的零件表面输送定量的清洁机油，以实现液体摩擦，减小摩擦阻力，减轻机件的磨损，并对零件表面进行清洗和冷却。润滑系统通常由机油油道、机油泵、机油滤清器、机油喷嘴等组成。

图 1-1-4　润滑系统

5.冷却系统

冷却系统如图 1-1-5 所示，它的功用是将受热零件吸收的部分热量及时散发出去，保证发动机在最适宜的温度状态下工作。水冷发动机的冷却系统通常由冷却水套、水泵、风扇、散热器、节温器等组成。

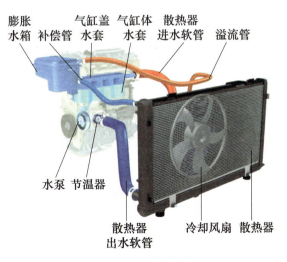

图 1-1-5　冷却系统

6. 点火系统

能够按时在火花塞电极间产生电火花的全部设备统称为点火系统。点火系统通常由蓄电池、点火线圈和火花塞等组成，如图 1-1-6 所示。在汽油机中，气缸内的可燃混合气靠电火花点燃。为此，在汽油机的气缸上装有火花塞，火花塞头部伸入燃烧室内。

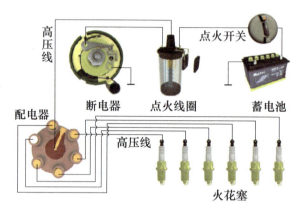

图 1-1-6　点火系统

7. 起动系统

要使发动机由静止状态过渡到运动状态，必须先用外力转动发动机的曲轴，使活塞做往复运动，以便气缸内的可燃混合气燃烧膨胀做功，推动活塞向下运动使曲轴旋转，发动机才能自行运转，工作循环才能自行进行。因此，曲轴在外力作用下开始转动到发动机开始自动怠速运转的全过程，称为发动机的起动。完成起动过程所需的装置称为发动机的起动系统，如图 1-1-7 所示。

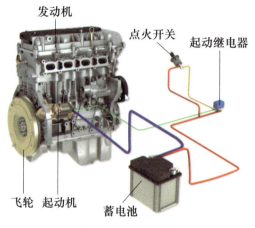

图 1-1-7　起动系统

⚠ **思考**　汽车的两大机构五大系统之间是什么样的关系？

三、发动机的分类

1）按活塞运动方式的不同，发动机可分为往复活塞式和转子活塞式两种，如图 1-1-8 所示。

a）往复活塞式发动机　　　　b）转子活塞式发动机

图 1-1-8　往复活塞式发动机和转子活塞式发动机

2）按点火方式的不同，发动机可分为点燃式和压燃式两种，如图 1-1-9 所示。点燃式发动机是利用高压电火花点燃气缸内的混合气来完成做功的，如汽油机。压燃式发动机是利用高温高压使气缸内的混合气自行着火燃烧来完成做功的，如柴油机。

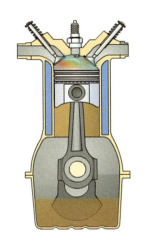

a）点燃式发动机　　　　b）压燃式发动机

图 1-1-9　点燃式发动机和压燃式发动机

3）按所用燃料的不同，发动机可分为汽油机、柴油机和气体燃料发动机三类。以汽油或柴油为燃料的发动机分别称为汽油机和柴油机，如图 1-1-10 所示。使用天然气、液化石油气和其他气体燃料的发动机称为气体燃料发动机。

a）汽油机　　　　　　　　　b）柴油机

图 1-1-10　汽油机和柴油机

⚠️ **思考**　使用天然气作为燃料的发动机与使用汽油或柴油作为燃料的发动机相比，优势是什么？

4）按冷却方式的不同，发动机可分为水冷式和风冷式两种，如图 1-1-11 所示。以冷却液为冷却介质的发动机称为水冷式发动机，以空气为冷却介质的发动机称为风冷式发动机。

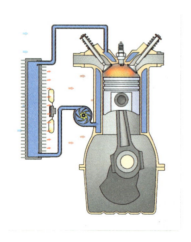

a）水冷式发动机　　　　　　　b）风冷式发动机

图 1-1-11　水冷式发动机和风冷式发动机

5）按工作循环的不同，发动机可分为四冲程发动机和二冲程发动机。在一个工作循环中活塞往复 4 个行程的发动机称为四冲程发动机，活塞往复 2 个行程的发动机称为二冲程发动机，如图 1-1-12 所示。

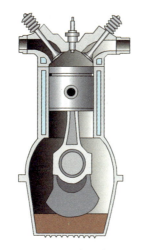 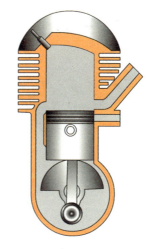

a）四冲程发动机　　　　b）二冲程发动机

图 1-1-12　四冲程发动机和二冲程发动机

6）按气缸数目的不同，发动机可分为单缸发动机和多缸发动机。仅有一个气缸的发动机称为单缸发动机；具有 2 个及以上气缸的发动机称为多缸发动机，如图 1-1-13 所示。现代汽车发动机通常采用 4 缸、6 缸或 8 缸发动机。

a）单缸发动机　　　　　b）多缸发动机

图 1-1-13　单缸发动机和多缸发动机

7）按气缸排列方式的不同，发动机可分为单列式和双列式，如图 1-1-14 所示。单列式发动机的各个气缸排成一列，一般是垂直布置的，但为了降低高度，有时把气缸布置成倾斜的甚至水平的；双列式发动机把气缸排成两列且夹角小于 180° 的称为 V 型发动机，两列之间的夹角为 180° 的称为对置式发动机。

a）单列式发动机　　　　b）双列式发动机

图 1-1-14　单列式发动机和双列式发动机

8）按进气方式的不同，发动机可分为非增压式和增压式两类，如图 1-1-15 所示。若进气是在接近大气状态下进行，则为非增压式发动机；若利用涡轮增压器将进气压力提高，则为增压式发动机。

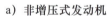

a）非增压式发动机　　　　b）增压式发动机

图 1-1-15　非增压式发动机和增压式发动机

四、发动机基本术语及工作原理

1.发动机基本术语

（1）上止点　上止点是指活塞顶部离曲轴中心最远的位置，即活塞的最高位置，如图 1-1-16 所示。

（2）下止点　下止点是指活塞顶部离曲轴中心最近的位置，即活塞的最低位置，如图 1-1-17 所示。

（3）活塞行程　活塞行程是指上止点与下止点之间的距离，如图 1-1-18 所示。

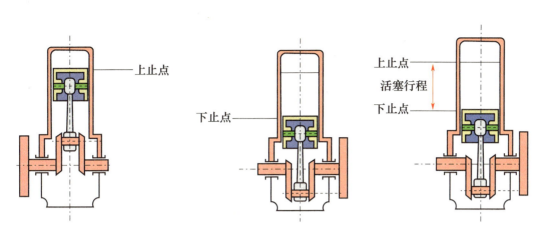

图 1-1-16　上止点　　　图 1-1-17　下止点　　　图 1-1-18　活塞行程

（4）曲柄半径　曲柄半径是指曲轴与连杆下端的连接中心至曲轴中心的距离，如图 1-1-19 所示。

（5）气缸工作容积　气缸工作容积是指活塞从上止点到下止点所扫过的容积，如图 1-1-20 所示。

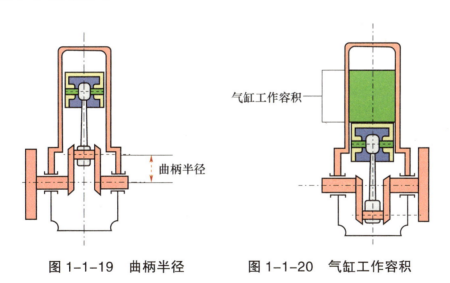

图 1-1-19　曲柄半径　　　　　图 1-1-20　气缸工作容积

（6）燃烧室容积　燃烧室容积是指活塞位于上止点时，活塞顶上方的气缸空间容积，如图 1-1-21 所示。

（7）气缸总容积　气缸总容积是指活塞位于下止点时，活塞顶上方的气缸空间容积，如图 1-1-22 所示。

（8）发动机排量　发动机排量是指发动机所有气缸工作容积之和。

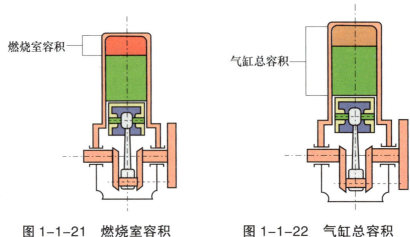

图 1-1-21　燃烧室容积　　　　图 1-1-22　气缸总容积

（9）压缩比　压缩比是指气缸总容积与燃烧室容积之比，如图 1-1-23 所示。压缩比表示活塞由下止点运动到上止点时，气缸内气体被压缩的程度。压缩比越大，压缩终了时气缸内气体的压力和温度越高。

图 1-1-23　压缩比

（10）工作循环　发动机完成进气、压缩、做功、排气 4 个过程，称为一个工作循环。

2. 发动机工作原理

四冲程发动机是指曲轴转 2 圈，活塞往复运动 4 次完成一个工作循环的发动机。由于汽油机和柴油机在使用的燃料等方面有所不同，工作行程也存在差异，以下分别介绍这两种发动机的工作原理。

（1）四冲程汽油机的工作原理　四冲程汽油机的工作循环由进气、压缩、做功和排气 4 个行程组成，图 1-1-24 所示为单缸。

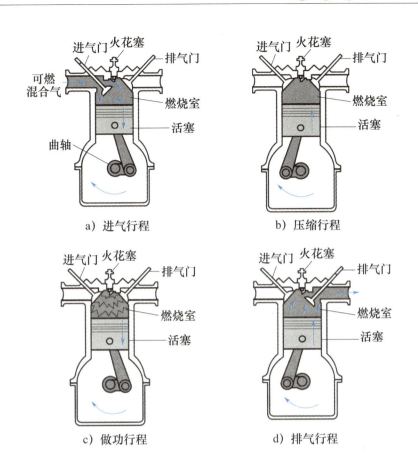

a) 进气行程

b) 压缩行程

c) 做功行程

d) 排气行程

图 1-1-24 单缸四冲程汽油机工作循环

① 进气行程：进气行程开始时，活塞由曲轴带动从上止点向下止点运行，进气门打开，排气门关闭。活塞从上止点向下止点移动的过程中，气缸容积增大，形成一定的真空度，于是混合气经进气门被吸入气缸。

② 压缩行程：进气行程结束后，活塞由曲轴带动从下止点向上止点运动，气缸内容积减小，由于进、排气门均关闭，进入气缸的可燃混合气被压缩，至活塞到达上止点时，压缩结束。

③ 做功行程：当活塞运动到压缩行程上止点附近时，火花塞跳火点燃气缸内的混合气，此时进气门和排气门均处于关闭状态，混合气燃烧后气体的温度、压力迅速升高而膨胀，推动活塞从上止点向下止点运动，通过连杆使曲轴旋转并输出机械能。

④ 排气行程：在做功行程终了时，排气门打开，进气门关闭。曲轴通过连杆推动活塞从下止点向上止点运动，废气在自身剩余压力和活塞的推动下排出气缸，至活塞到达上止点附近时，排气门关闭，排气结束。

（2）四冲程柴油机的工作原理　四冲程柴油机的工作循环也包括进气、压缩、做功和排气4个行程。图1-1-25所示为单缸四冲程柴油机的工作循环。

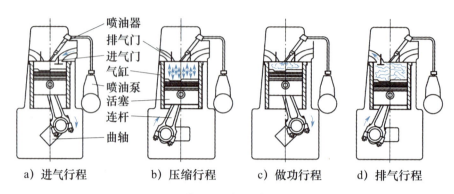

a）进气行程　　　b）压缩行程　　　c）做功行程　　　d）排气行程

图1-1-25　单缸四冲程柴油机工作循环

① 进气行程：四冲程柴油机的进气行程和四冲程汽油机的进气行程基本相同，不同的是，四冲程柴油机进入气缸的不是混合气，而是纯空气。

② 压缩行程：四冲程柴油机的压缩行程不同于汽油机，柴油机压缩的是纯空气，且由于柴油机的压缩比高，压缩终了的温度和压力都比汽油机高。

③ 做功行程：在柴油机的压缩行程接近终了时，喷油泵将高压柴油经喷油器雾化后喷入气缸内的高温空气中，高压柴油迅速气化与空气形成混合气，此时气缸内的温度高于柴油的自燃温度，柴油自行着火燃烧，在此后的一段时间内边喷油边燃烧，气缸内的压力和温度急剧升高，推动活塞下行做功。

④ 排气行程：四冲程柴油机的排气行程与汽油机基本相同。

四冲程发动机在一个工作循环的4个行程中，只有一个行程是做功的，其他3个行程是做功的准备行程。因此，在单缸发动机内，曲轴每转两周，只有半周是由于膨胀气体的作用使曲轴旋转，其余一周半则依靠飞轮惯性维持转动。在做功行程时，曲轴的转速比其他行程要大，所以曲轴的转速是不均匀的，因而发动机的运转就不均匀。为了使发动机运转平稳，需要增加发动机的质量和尺寸，使飞轮获得较大的转动惯量来提高发动机运转的均匀性。

在多缸四冲程发动机的每一个气缸内，所有的工作过程都是相同的，但各个气缸的做功行程并不同时发生，而是按照一定的工作顺序进行。

五、发动机总成的拆卸注意事项

以2018款别克威朗轿车为例：

1）拆卸发动机总成前，应关闭点火开关、断开蓄电池负极电缆。

2）拆下中间转向轴下螺栓前，应保持前轮朝向正前位置，利用转向柱防转销、转向柱锁止装置或安全带固定转向盘以免旋转，防止安全气囊游丝损坏。

3）拆下中间转向轴下螺栓后，切勿旋转转向盘，防止安全气囊游丝损坏。

4）回收制冷剂时，应戴好安全眼镜和手套，并在空调冷媒回收加注机器接头、阀门和连接部位四周缠上干净抹布，避免身体任何部位接触制冷剂，防止严重冻伤和其他人身伤害。

5）断开发动机控制模块电气插接器后，为了防止静电放电损坏发动机控制模块，禁止用手触摸插接器针脚。

6）拆下前保险杠时，需要两名技术人员同时操作，一人负责拆卸，一人负责扶住前保险杠。

7）拆下自动变速器驱动轴前，应排空自动变速器油液。

8）举升车辆使发动机和自动变速器总成与车身分离时，需要两名技术人员同时操作，一人负责举升车辆，一人负责观察发动机、自动变速器总成以及传动系统和前悬架支架与车身之间是否存在线束、软管没有拆卸情况以及是否存在卡滞情况。

六、发动机总成的拆卸

1）拆下中间转向轴下螺栓。

2）回收制冷剂和排空冷却液。拆下前围板上加长板开口盖。断开发动机控制模块电气插接器，松开发动机控制模块固定卡扣，拆下发动机控制模块，如图1-1-26所示。松开发动机控制模块托架上方发动机线束固定卡扣，拆下发动机控制模块托架。松开发动机控制模块和电子制动控制模块托架上方车身线束插接器、发动机线束插接器、发动机线束固定卡扣和蓄电池正负极电缆，拆下发动机控制模块和电子制动控制模块托架。

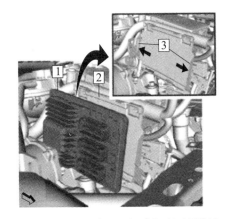

图1-1-26 拆下发动机控制模块

3）依次拆下自动变速器通风软管、前舱熔丝盒盖、蓄电池正负极电缆，断开自动变速器控制模块电气插接器，拆下发动机空气滤清器总成，如图1-1-27所示。

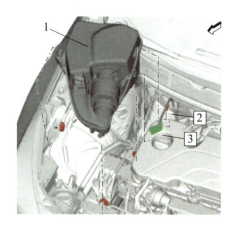

图1-1-27　拆下发动机空气滤清器总成

4）依次拆下前保险杠、冷凝器上方软管、燃油喷射泵上方燃油供油前管、蒸发排放炭罐吹洗电磁阀上方前蒸发排放管。

5）断开发动机冷却风扇电气插接器与制动助力器真空管。

6）拆下发动机冷却液放气软管和暖风水箱上方进、出水软管。

7）安装发动机支撑夹具，如图1-1-28所示。举升车辆至合适高度，按顺序依次拆下前部左右车轮、前部左右轮罩衬板、前舱左右防溅罩和前舱左右空气导流器。

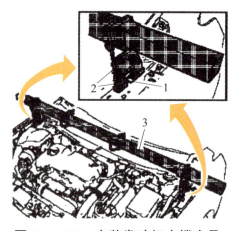

图1-1-28　安装发动机支撑夹具

8）拆下左右下支臂与转向节之间螺母，使用球节分离器分离下支臂与转向节。

9）拆下自动变速器驱动轴、发动机前排气管与自动变速器油冷却器进、出口油管。

10）拆下左右转向节与转向外横拉杆之间的螺母，使用球节分离器分离转向外横拉杆与转向节。

11）拆下左右稳定杆连杆与稳定杆之间螺母、排气消声器隔振垫螺母。

12）拆下转向机隔热罩，断开动力转向辅助电动机电气插接器，拆下自动变速器支座柱螺栓。

13）降下车辆至合适高度，拆下自动变速器支座与车身之间的螺栓，拆下发动机支座与车身之间的螺栓。

14）放置发动机支撑台至发动机下方，降下发动机支撑夹具使发动机与发动机支撑台完全贴合。拆下传动系统和前悬架横梁加长件螺栓，拆下传动系统和前悬架支架前后螺栓。

15）拆下发动机支撑夹具，小心缓慢举升车辆使发动机和自动变速器总成与车身分离，拆下发动机总成。

⚠ **思考**　没有安装发动机支撑夹具时，发动机总成还能正常拆卸吗？

✏ **课程育人**

在安徽芜湖博物馆内，有这样一件现代化展品，它是一台产自1999年的发动机。而这台发动机的诞生，对中国汽车业是具有划时代意义的。

1999年5月18日，安徽芜湖的奇瑞汽车公司自主研发的 ACTECO 系列发动机问世。这是国内第一个从设计、研发到生产制造完全自主的发动机系列品牌，且具有完全的自主知识产权。

发动机技术的滞后严重阻碍了国内汽车技术的发展，在与跨国公司竞争中也处于劣势。正因为此，奇瑞公司率先接过发动机技术自主研发的第一棒，在发动机厂投资3000万元，建成了世界上一流的发动机试制车间，以批量试制符合设计要求的样机，用于性能开发试验、整车匹配试验和可靠性试验，同时还可以验证设计产品的工艺性，降低正式生产线投资的风险。经过多年的努力，奇瑞作为中国民族品牌，不仅突破了汽车发动机核心技术，同时实现了大规模量产，取得了引人瞩目的成就。

📝 巩固提升

一、选择题

1. 按活塞运动方式的不同，发动机可分为（　　）。
   A. 水冷式和风冷式　　　　　　　　B. 二冲程式和四冲程式
   C. 压燃式和点燃式　　　　　　　　D. 往复活塞式和转子活塞式

2. 下列不属于内燃机优点的是（　　）。
   A. 结构紧凑　　　　　　　　　　　B. 体积小
   C. 质量小　　　　　　　　　　　　D. 噪声小

3. 现代汽车发动机通常采用（　　）发动机。
   A. 2缸、6缸或8缸　　　　　　　　B. 3缸、6缸或8缸
   C. 4缸、6缸或8缸　　　　　　　　D. 5缸、6缸或8缸

4. 柴油发动机没有（　　）系统。
   A. 点火　　　　　　　　　　　　　B. 起动
   C. 冷却　　　　　　　　　　　　　D. 润滑

5. 下列不属于冷却系统组成的是（　　）。
   A. 限压阀　　　　　　　　　　　　B. 水泵
   C. 风扇　　　　　　　　　　　　　D. 散热器

二、判断题

1. 现代汽车广泛使用活塞式内燃机。　　　　　　　　　　　　（　　）
2. 按所用燃料的不同，发动机可分为汽油机和柴油机两类。　　（　　）
3. 汽车发动机由两大机构和四大系统组成。　　　　　　　　　（　　）
4. 曲柄连杆机构由机体组、活塞连杆组和曲轴飞轮组组成。　　（　　）
5. 配气机构由气门传动组和气门组组成。　　　　　　　　　　（　　）

曲柄连杆机构的构造与维修

曲柄连杆机构是发动机的重要组成部分，是发动机工作的主体。曲柄连杆机构的主要作用是将活塞的往复运动转变为曲轴的旋转运动，整个机构主要由气缸盖、气缸体、活塞、连杆、曲轴和飞轮等主要零件组成。

认识曲柄连杆机构

📝 学习目标

知识目标

1. 能够说出曲柄连杆机构的功用及其组成。
2. 能够说出曲柄连杆机构主要部件的结构及工作原理。
3. 能够说出曲柄连杆机构的主要检修内容和方法。

技能目标

1. 能够完成气缸盖的拆装检修及气缸体的检修工作。
2. 能够完成活塞连杆组的拆装及检修工作。
3. 能够完成曲轴飞轮组的拆装及检修工作。

素质目标

1. 培养良好的职业道德和工匠精神。
2. 培养安全意识和团队协作精神。
3. 培养自我管理和自主学习能力。

任务一 曲柄连杆机构认知

📝 情景导入

　　客户赵先生驾驶一辆 2018 款别克威朗轿车，早晨起动车辆时，发动机舱会发出刺耳的响声，随后响声会慢慢减弱。维修技师检查后发现响声来自发动机气缸体内部，可能是活塞敲缸引起。为了确定故障原因，需对曲柄连杆机构做进一步检查。作为汽车维修技师，请仔细查看服务顾问提供的汽车问诊表，并针对故障进行后续处理。

接车问诊表

车牌号：黑A×××× 车架号：LSGBC×××××123456 行驶里程：70000（km）
用户名：赵×× 电话：150×××2112 来店时间：2022.9.1
用户陈述及故障发生时的状况：早晨起动车辆时，发动机舱会发出刺耳的响声，随后响声会慢慢减弱
接车员检测确认建议：检查曲柄连杆机构
车间检测确认结果及主要故障零部件：
车间检查确认者：

外观确认：	功能确认：（工作正常√ 不正常×）
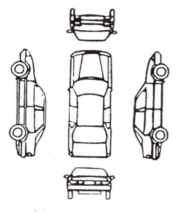 （请在有缺陷部位做标识）	☑音响系统 ☑门锁（防盗器） ☑全车灯光 ☑工具 ☑后视镜 ☑天窗 ☑座椅 ☑点烟器 ☑玻璃升降器 ☑玻璃 物品确认：（有√ 无×）  贵重物品提示 ☑工具 ☑备胎 ☑灭火器 ☑其他（　　　） 旧件是否交还用户 ☑是 □否 用户是否需要洗车 ☑是 □否

　　检测费说明：本次检测的故障如用户在本店维修，检测费包含在修理费用内；如用户不在本店维修，请您支付检测费。本次检测费：¥××××元。

　　贵重物品：在将车辆交给我店检查修理前，已提示将车内贵重物品自行收起并保存好，如有遗失恕不负责。

　　接车员：张×× 用户确认：赵××

一、曲柄连杆机构的功用

曲柄连杆机构是内燃机实现工作循环，完成能量转换的传动机构，用来传递力和改变运动方式。工作中，曲柄连杆机构在做功行程中把活塞的往复运动转变成曲轴的旋转运动，对外输出动力，而在其他 3 个行程中，即进气、压缩、排气行程中又把曲轴的旋转运动转变成活塞的往复直线运动。总的来说曲柄连杆机构是发动机借以产生并传递动力的机构，通过它把燃料燃烧后发出的热能转变为机械能。

综上所述，曲柄连杆机构的功用有以下几点：

1）将气体的压力变为曲轴的转矩。

2）将活塞的往复运动变为曲轴的旋转运动。

3）把燃烧作用在活塞顶上的力转变为曲轴的转矩，并输出机械能。

二、曲柄连杆机构的组成

曲柄连杆机构主要由机体组、活塞连杆组和曲轴飞轮组三部分组成，如图 2-1-1 所示。

机体组　　　　　　　　　　　　活塞连杆组

曲轴飞轮组

图 2-1-1　曲柄连杆机构的组成

1. 机体组

机体组是发动机的支架，是曲柄连杆机构、配气机构和发动机各系统主要零部件的装配基体，其内外安装着发动机的主要零部件和附件，其剖面示意如图 2-1-2 所示。

图 2-1-2　机体组剖面示意图

2. 活塞连杆组

活塞连杆组是发动机的传动件，其功用是将活塞的往复运动转变为曲轴的旋转运动，对外输出转矩。如图 2-1-3 所示，活塞连杆组主要包括活塞、活塞环、活塞销、连杆和连杆轴承等。

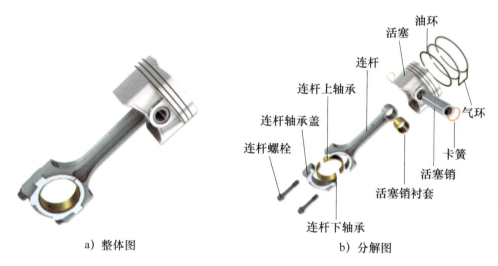

a）整体图　　　　　　　　　　b）分解图

图 2-1-3　活塞连杆组的结构

3. 曲轴飞轮组

曲轴飞轮组的功用是将活塞连杆组传来的压力转变成曲轴飞轮组的旋转力，为汽车的行驶和其他需要动力的机构输送转矩。同时，曲轴飞轮组还能储存能量，用以克服非做功行程的阻力，使发动机运转平稳。如图 2-1-4 所示，曲轴飞轮组主要包括曲轴、飞轮、曲轴带轮和曲轴正时齿轮等。

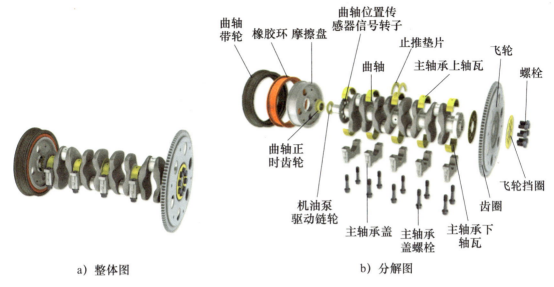

a）整体图　　　　　　　　b）分解图

图 2-1-4　曲轴飞轮组的结构

三、曲柄连杆机构的工作条件和受力分析

曲柄连杆机构是在高温（气缸内最高温度可达 2500K 以上）、高压（最高压力可达 5~9MPa）、高速（最高转速可达 4000~6000r/min）及有化学腐蚀的条件下工作的，其工作条件相当恶劣，主要承受气体作用力、往复惯性力、离心力及摩擦力。

1. 气体作用力

发动机在工作循环的 4 个行程中，气体压力始终存在。由于进气和排气两个行程气体压力较小，可忽略不计，故在此只分析压缩和做功两个行程的气体作用力。

在压缩行程中，气体压力阻碍活塞上行。这时，作用在活塞顶的气体总压力 F 可分解为 F_1 和 F_2，如图 2-1-5 所示。F_1 企图阻止曲轴旋转，F_2 则将活塞压向气缸壁，形成活塞与缸壁间的侧压力。

在做功行程中，气体压力推动活塞向下运动。这时，作用在活塞顶的气体总压力 F 可分解为 F_3 和 F_4，如图 2-1-6 所示。F_3 推动曲轴旋转，F_4 则将活塞压向气缸另一个侧壁，形成活塞与缸壁间的侧压力。

图 2-1-5　压缩行程气体作用力

图 2-1-6　做功行程气体作用力

由上述分析可知，气体压力使活塞紧压气缸左侧壁或右侧壁，这将造成气缸磨损不均匀。

2. 往复惯性力和离心力

做往复运动的物体，当运动速度变化时，将产生往复惯性力。物体绕某一中心做旋转运动时，就产生离心力。曲柄连杆机构中活塞做往复直线运动、曲轴做旋转运动，故这两种力都存在，如图 2-1-7 所示。

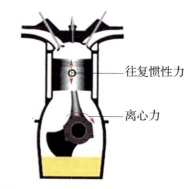

图 2-1-7　往复惯性力和离心力

当活塞从上止点向下止点运动时，速度从零开始，逐渐增大，临近中间达最大值，然后又逐渐减少到零。也就是说，活塞前半行程是加速运动，惯性力向上；后半行程是减速运动，惯性力向下。当活塞从下止点向上止点运动时，前半行程惯性力向下，后半行程惯性力向上。在上下止点，活塞运动方向改变，速度为零，加速度最大，惯性力也最大；在行程中部附近，活塞运动速度最大，加速度为零，惯性力也等于零。

旋转机件的圆周运动产生离心力，方向背离曲轴中心向外，离心力使连杆大头的轴承和轴颈、曲轴主轴承和主轴颈受到一个附加载荷，增加了它们的变形和磨损，也引起发动机振动而传到机体外。

3. 摩擦力

曲柄连杆机构中相互接触的表面做相对运动时都存在磨损，其大小与正压力和摩擦因数成正比，其方向总是与相对运动的方向相反。如图 2-1-8 所示为一个磨损的活塞。

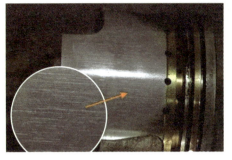

图 2-1-8　磨损的活塞

📝 课程育人

　　人类早期进行金属冶炼使用的鼓风器都是用皮囊做的，古代人称之为"橐"。古代冶铁时常常是一座冶铁炉要用多个橐，这些橐被放在一起，排成一排，就叫作"排囊"或"排橐"。

　　东汉建武七年，即公元三十一年，当时的南阳太守杜诗发明了一种冶铁用的水力鼓风装置，后世人称之为"水排"。

　　《后汉书·杜诗传》中记载："造作水排，铸为农器，用力少，见功多，百姓便之"。据史料记载，古代"马排"（由马来驱动）用马一百匹冶铁一百二十斤；而改用"水排"后，同样的时间内，可以冶铁三百六十斤，对比之下，劳动效率提升三倍，可见"水排"为当时社会生产所带来的重大价值。然而，这种机械装置的具体结构在当时缺乏相关记载，直到元朝的农学家王祯在其所著的《王祯农书》中才对"水排"进行了详细的介绍。

　　王祯经过多方查证，对卧式水轮驱动的水排和立式水轮驱动的水排进行了较为详细的描述，并针对双卧式水轮驱动的水排绘制了专门的插图。卧式水排是三国时期马排的改进版，即将提供原动力的马匹换成了卧式水轮。这些大小不一的轮子靠绳带连接传动，在小轮上方有一偏心曲柄，利用曲柄连杆机构将轮子的旋转运动转换为推拉皮囊的直线往复运动。这便是世界上最早利用曲柄连杆机构的机械装置。

📝 巩固提升

一、选择题

　　1. 曲柄连杆机构主要由（　　　）组成。

　　　A. 机体组、活塞连杆组、曲轴飞轮组

　　　B. 机体、活塞、曲轴

　　　C. 机体组、活塞连杆组

D. 机体、活塞连杆组、曲轴飞轮组

2. 机体组由（　　）等组成。

　A. 活塞、气缸垫、气缸体、曲轴箱

　B. 气缸盖、气缸垫、连杆、曲轴箱、油底壳

　C. 气缸盖、气缸垫、飞轮、曲轴箱、气缸套

　D. 气缸盖、气缸垫、气缸体、曲轴箱、气缸套、油底壳

3. 活塞连杆组由（　　）等组成。

　A. 活塞、活塞环、活塞销、连杆

　B. 气缸盖、气缸垫、活塞、活塞环

　C. 活塞、活塞环、气缸垫

　D. 活塞环、活塞销、连杆

4. 曲轴飞轮组由（　　）等组成。

　A. 活塞、活塞环、曲轴、飞轮

　B. 曲轴、飞轮、扭转减振器、平衡轴

　C. 活塞、曲轴、飞轮

　D. 曲轴、飞轮

5. 曲柄连杆机构是在（　　）的条件下工作的。

　A. 高压、高速

　B. 低温、高压、高速、化学腐蚀

　C. 高温、高压、高速、化学腐蚀

　D. 高温、高速、化学腐蚀

二、判断题

1. 曲柄连杆机构是发动机的重要组成部件，是往复活塞式发动机将机械能转换为热能的主要机构。　　　　　　　　　　　　　　　　（　　）

2. 曲柄连杆机构主要由机体组、活塞连杆组、曲轴飞轮组组成。　（　　）

3. 发动机活塞的往复运动是匀速运动。　　　　　　　　　　　（　　）

4. 气缸内最高温度可达 2500K 以上。　　　　　　　　　　　（　　）

5. 曲柄连杆机构主要承受气体作用力、往复惯性力、离心力及摩擦力。

（　　）

任务二 机体组的拆装与检查

情景导入

客户赵先生驾驶一辆 2018 款别克威朗轿车，近段时间内，发现机油消耗量明显增加。经 4S 店维修技师检测及路试检查，发现气缸盖与气缸体结合位置有漏油现象，可能是气缸垫损坏导致机油泄漏。为了确定故障原因，需对机体组做进一步检测。作为汽车维修技师，请仔细查看服务顾问提供的汽车问诊表，并针对故障进行后续处理。

接车问诊表

车牌号：黑 A×××× 车架号：LSGBC×××××123456 行驶里程：70000（km）
用户名：赵 ×× 电话：150×××2112 来店时间：2022.9.1
用户陈述及故障发生时的状况：近段时间内，发现机油消耗量明显增加
接车员检测确认建议：检查机体组
车间检测确认结果及主要故障零部件：
车间检查确认者：

<table>
<tr><td rowspan="2">外观确认：
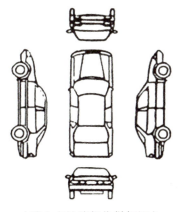
（请在有缺陷部位做标识）</td><td>功能确认：（工作正常√ 不正常×）
☑音响系统　☑门锁（防盗器）　☑全车灯光
☑工具　☑后视镜　☑天窗　☑座椅
☑点烟器　☑玻璃升降器　☑玻璃</td></tr>
<tr><td>物品确认：（有√ 无×）
　贵重物品提示
☑工具　☑备胎
☑灭火器　☑其他（　　　）
旧件是否交还用户
☑是　□否
用户是否需要洗车
☑是　□否</td></tr>
</table>

检测费说明：本次检测的故障如用户在本店维修，检测费包含在修理费用内；如用户不在本店维修，请您支付检测费。本次检测费：￥××××元。

贵重物品：在将车辆交给我店检查修理前，已提示将车内贵重物品自行收起并保存好，如有遗失恕不负责。

接车员：张××　用户确认：赵××

一、机体组的结构

机体组主要由气缸盖罩、气缸盖、气缸垫、气缸体、曲轴箱、油底壳等零件组成，如图 2-2-1 所示。镶有气缸套的发动机，其机体组还包括干式或湿式气缸套。

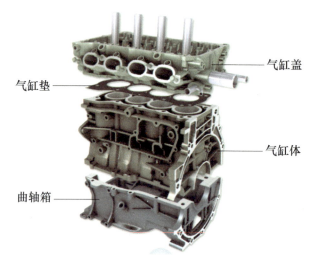

图 2-2-1　机体组结构

1. 气缸盖罩

气缸盖罩安装在气缸盖上面，用于遮盖和密封气缸盖，通常采用塑料制成，以减轻汽车重量。气缸盖罩上设有机油加注孔，便于添加机油。有的气缸盖罩内部还装有油气分离器，用于分离机油和废气，废气通过气缸盖罩的曲轴箱通风管及进气道进入气缸。气缸盖罩结构如图 2-2-2 所示。

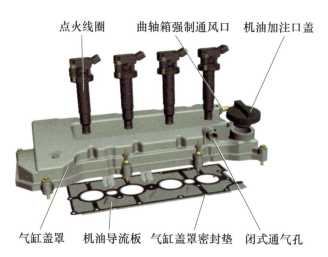

图 2-2-2　气缸盖罩结构

2. 气缸盖

气缸盖的主要作用是封闭气缸体上部，并与活塞顶部和气缸壁一起构成燃烧室。气缸盖工作在高温、高压条件下，一般采用灰铸铁、合金铸铁、铸铝等材料制造。

气缸盖的结构如图 2-2-3 所示，气缸盖由进、排气门座孔，气门导管孔，火花塞安装孔（汽油机）或喷油器安装孔（柴油机）等组成。气缸盖内还铸有水套、进排气道和燃烧室或燃烧室的一部分。若凸轮轴安装在气缸盖上，则气缸盖上还加工有凸轮轴承孔或凸轮轴轴承座及其机油油道。

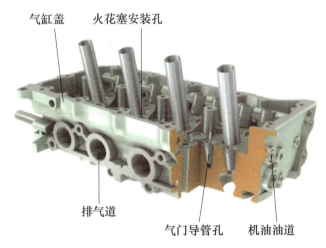

图 2-2-3　气缸盖的结构

水冷发动机的气缸盖有整体式、分块式和单体式 3 种。在多缸发动机中，全部气缸共用一个气缸盖的，则该气缸盖为整体式气缸盖；若两缸一盖或三缸一盖，则该气缸盖为分块式气缸盖；若每缸一盖，则为单体式气缸盖，如图 2-2-4 所示。风冷发动机均为单体式气缸盖。

a）整体式　　　　　　　　b）单体式

图 2-2-4　整体式、单体式气缸盖

3. 气缸垫

气缸垫安装在气缸盖与气缸体之间，它的作用是保证气缸盖与气缸体间的密封，防止漏气、漏水和漏油。气缸垫安装位置及外形如图2-2-5、图2-2-6所示。

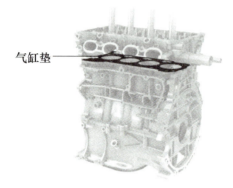

图 2-2-5　气缸垫的安装位置　　　　图 2-2-6　气缸垫外形结构

气缸垫在使用中接触高温、高压气体和冷却液，很容易被烧蚀，特别是缸口卷边周围，因此要求气缸垫要有良好的耐热性和耐压性，在高温高压下不烧损、不变形，要有一定的弹性和导热性。

4. 气缸体

气缸体是发动机的主要骨架，其上部使用螺栓连接气缸盖，下部安装油底壳，中部是发动机的主要部分，即气缸，内部有供机油通过的油道和供冷却液循环的水套等。一般发动机的气缸体和曲轴箱常铸成一体，统称气缸体，如图2-2-7所示。

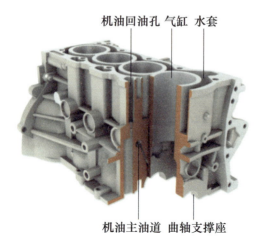

图 2-2-7　气缸体结构

气缸体承受较大的机械负荷和较复杂的热负荷，所以要求气缸体具有足够的强度、刚度以及良好的耐热性和耐蚀性。根据其工作条件和结构特点，气缸体一般采用灰铸铁、球墨铸铁或合金铸铁制成。有些发动机为了减轻重量，采用铝合金材料。

根据气缸体与油底壳安装平面位置的不同，通常把气缸体分为一般式、龙门式、隧道式3种，如图2-2-8所示。

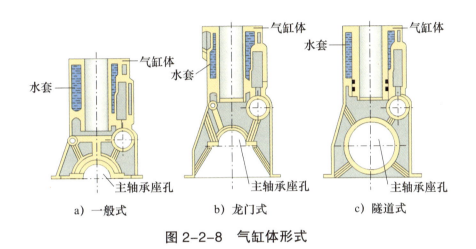

图 2-2-8 气缸体形式

1）一般式。曲轴的主轴承座孔中心线位于曲轴箱的分界面上，制造方便，但刚度小，与油底壳接合面的密封较困难，维修不便。

2）龙门式。主轴承座孔中心线高于曲轴箱分界面，结构刚度较大，其密封简单、可靠，便于维修。

3）隧道式。主轴承座孔不分开，结构刚度最大，主轴承同轴度易保证。

5. 气缸套

气缸套有干式气缸套和湿式气缸套两种，如图2-2-9所示。其中，干式气缸套外表面不直接与冷水接触，其壁厚一般为1~3mm。气缸套外表面与其装配

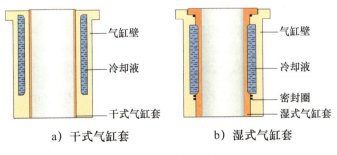

图 2-2-9 气缸套形式

的气缸体内表面采用过盈配合；湿式气缸套外表面直接与冷却液接触，冷却效果好。其壁厚比干式气缸套厚，一般为5~9mm。目前，气缸套常用的材料有球墨铸铁、高磷铸铁和合金铸铁，有的还采用表面淬火、镀铬等工艺。

6. 油底壳

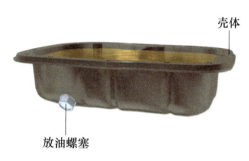

油底壳的主要作用是储存机油并封闭曲轴箱。由于油底壳受力不大，一般用薄钢板冲压而成，如图2-2-10所示。为了保证发动机在纵向倾斜的情况下，机油泵仍能吸到机油，油底壳后部一般较深，并且在壳内设有挡油板，防止汽车颠簸时油面波动过大。油底壳底部设有放油螺塞，有的放油螺塞用磁性材料制成，能吸附机油中的金属屑，以减少发动机运动零件的磨损。

图2-2-10 油底壳

二、气缸盖拆装注意事项

以2018款别克威朗轿车为例：

1）拆卸气缸盖前，需要预先把相关电气元件的插接器脱开。

2）拆卸气缸盖前，需要预先把进气、排气歧管拆除。

3）拆卸气缸盖前，需要预先把正时带、凸轮轴和挺柱拆除。

4）在拆卸和安装气缸盖螺栓时，必须严格按照维修手册上的拆卸与紧固顺序进行操作，如图2-2-11、图2-2-12所示。

拆卸气缸盖和气缸垫

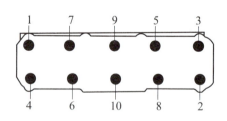

图2-2-11 气缸盖螺栓拆卸顺序

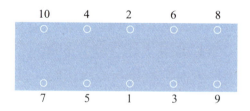

图2-2-12 气缸盖螺栓紧固顺序

5）在紧固气缸盖螺栓时，必须严格按照维修手册上要求的紧固力矩和角度来紧固气缸盖螺栓（第一遍紧固至30N·m，最后一遍用EN-45059量表再紧固240°）。

6）安装气缸垫时要特别小心，防止损坏气缸垫导致机油和冷却液泄漏。

安装气缸垫和气缸盖

7）操作完毕后，需要按照环保要求处理使用过的汽油和废旧零件。

三、机体组的检修

以 2018 款别克威朗轿车为例进行相关检查操作。

发动机机体组的主要损伤形式有气缸盖及气缸体裂纹、各接合面的翘曲变形或其他部件的变形、气缸磨损、气缸垫烧蚀击穿等。所有这些损伤都会影响发动机的技术性能指标、工作可靠性和耐久性，因此，在检修过程中应认真检验，及时发现问题并解决问题。

1. 气缸盖、气缸体裂纹的检查

在检查气缸盖、气缸体裂纹之前，应先将需要检查的气缸清洗干净，清除累积在气缸内的污垢，然后用目视法、染色法或水压法检查气缸盖、气缸体表面是否有裂纹，一旦检查出裂纹可视情况进行焊修、胶粘等，必要时进行更换。

1）目视法检查。清洁气缸盖、气缸体，仔细观察气缸盖、气缸体表面，查看有无明显的裂纹。

2）染色法检查。将染色渗透剂喷于被检查的部位，片刻之后将其擦干。如果染色渗透剂渗入机件内部，则说明该处有裂纹存在。

3）水压法检查。将气缸垫和气缸盖装在气缸体上，在气缸体前壁进水的地方装上盖板，连接水管、水压机，封死其他通道，然后注入足够量的水，如图 2-2-13 所示。如果气缸有渗漏，则说明渗漏处有裂纹。目前水压法检查应用较少。

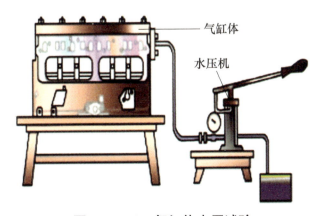

图 2-2-13　气缸体水压试验

2. 气缸盖、气缸体变形的检修

（1）气缸盖变形的检修　气缸盖变形是指气缸盖与气缸体的接合平面的平面度误差超限。其变形的原因一般是热处理不当、气缸盖螺栓拧紧力矩不均或放置不当等引起的。检修方法如下：

1）使用抹布清洁刀口尺和塞尺。

2）将刀口尺对角放置在气缸盖下平面。

3）用塞尺测量刀口尺与气缸盖下平面之间的间隙，记录测量值。

4）如图 2-2-14 所示，以同样的方法测量气缸盖下平面其余几个方向上的间隙值。测得的最大值即为气缸盖下平面的平面度误差。

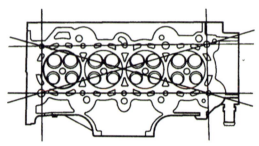

图 2-2-14　气缸盖下平面测量部位

5）如果测得值小于 0.05mm，则气缸盖下平面不需要表面修整；如果测得值在 0.05～0.20mm 之间，或出现可能妨碍气缸盖衬垫正常密封的缺陷或擦伤，可用磨削或铣削加工的方式修整气缸盖下平面表面，但总加工量不能超过 0.25mm。如需要的磨削量超过 0.25mm，则必须更换气缸盖。

（2）气缸体变形的检修　气缸体变形的主要原因有以下几点：

① 气缸体工作时受热不均匀。

② 装配时气缸盖螺栓拧紧力矩不均匀。

③ 拧紧顺序不符合规定。

④ 螺纹孔中有污物。

⑤ 气缸衬垫不平。

⑥ 各工作零部件的冲击载荷。

气缸体变形的检修方法和气缸盖变形的检修方法相同，其检测位置如图 2-2-15 所示。

气缸体平面度
的检测

图 2-2-15 气缸体上平面测量部位

3. 气缸磨损程度的检修

气缸的磨损程度是衡量发动机是否需要大修的依据之一。气缸磨损的测量主要是确定气缸磨损后的圆度、圆柱度和最大直径。气缸磨损的检测主要是确定气缸磨损后的圆度误差和圆柱度误差。

圆度误差 =（同一截面上的最大直径 – 最小直径）/2

圆柱度误差 =（不同截面上的最大直径 – 最小直径）/2

检修方法如下：

1）清洁气缸，目测气缸有无明显损坏。

2）使用游标卡尺测量气缸内径。

3）将外径千分尺调到游标卡尺所测的气缸内径值，并固定好。

4）选取适合气缸直径的测量接杆安装到量缸表上，并保证有 2mm 的预压缩量。

5）使用外径千分尺对量缸表进行校零，如图 2-2-16 所示。

6）沿气缸体纵向将量缸表插入气缸，前后

图 2-2-16 量缸表的校准

摆动量缸表找出百分表最小读数值，即气缸直径位置，转动表壳使百分表的指针指回到 0 刻度线位置。

7）沿气缸体纵向将量缸表取出，转动量缸表 90° 再放入气缸，前后摆动量缸表找出气缸直径位置的读数。此时，量缸表读数的一半即为此断面圆度值。

8）如图 2-2-17 所示，分别测出上、中、下三个截面的圆度，该气缸的圆度以三个截面中圆度的最大值表示。计算该气缸的圆柱度，并将测量值与标准值（圆度误差不超过 0.05mm，圆柱度误差不超过 0.175mm）进行比较。若气缸磨损未超过其使用极限，可更换活塞环继续使用；若气缸磨损超过使用极限，可采用修理尺寸法或镶套修复法进行修复。

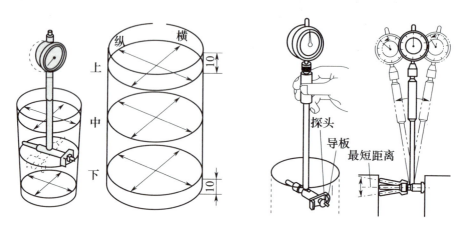

图 2-2-17　气缸内径的测量

⚠️ **思考**　测量气缸内径时，为什么要对量缸表进行校准，其作用是什么？

4. 气缸垫的检修

气缸垫的常见故障是烧蚀击穿，其主要原因是气缸盖与气缸体的接合平面不平、气缸盖螺栓的拧紧力矩不足等。气缸垫损坏后只需更换，不需修理。

⚠️ **思考**　如果继续使用损坏后的气缸垫会产生什么样的后果？

✏️ 课程育人

人类历史上很多发明的灵感都来源于生活。例如，春秋时期的鲁班在一次攀山时，不小心被小草划伤，于是模仿草叶制成伐木的锯。美国人比斯特因为儿子调皮打破了他的眼镜，他从破碎的镜片中得到灵感，发明了隐形眼镜。再比如，我们今天汽车上用的气缸，其实也是受到大炮的启发而发明的。

1680 年，荷兰科学家霍因斯仿照大炮发射原理，同样使用火药作为燃烧爆炸物，将炮弹和炮筒分别改造成"活塞"与"气缸"，同时配置有一个单向阀。他将火药注入气缸内并点燃，火药爆炸燃烧的能量会推动活塞向上运动，进而产生动力。与此同时，气缸内因火药爆炸产生的巨大压力还会推开单向阀，使得废气排出"气缸"。当然，并不是所有废气都能一次性排出，残留的废气会逐渐冷却，同时"气缸"内的气压会降低，此时"气缸"内外会产生压差，外界的大气压会再次推动活塞向下运动，从而为下一次爆炸做准备。

霍因斯当年是想将大炮的发射原理用于推动其他机械。但是由于这项发明中机械做功行程过长，效率低，最终没能面世。然而，他的努力也为后人留下了宝贵的经验财富，正是因为他提出的"内燃机"的想法，后来才有了汽车发动机的发明。

⚠️ **思考**　你还知道有哪些发明是从生活中获取的灵感？

✏️ **巩固提升**

一、选择题

1. 机体组主要由（　　）、气缸盖、气缸垫和油底壳等零件组成。

　　A. 发动机支架　　　　　B. 气缸体　　　　C. 活塞连杆　　　D. 曲轴

2. 铝合金气缸体的特点是（　　）。

　　A. 重量轻　　　　　　　B. 耐磨损　　　　C. 散热性差　　　D. 强度及刚度好

3. 下列说法正确的是（　　）。

　　A. 干式气缸套外壁直接与冷却液接触

　　B. 干式气缸套壁厚比湿式气缸套薄

　　C. 干式气缸套安装后比湿式气缸套强度和刚度好

　　D. 干式气缸套比湿式气缸套散热好

4. 以下哪项不是描述油底壳的功用？（　　）。

　　A. 储存机油　　　　　　　　　　B. 吸附金属杂质

　　C. 形成燃烧室　　　　　　　　　D. 封闭曲轴箱

5. 气缸盖螺栓的拧紧顺序为（　　）。

　　A. 从左到右　　　　　　　　　　B. 从右到左

　　C. 由中间到两端逐个对称拧紧　　D. 由两端到中间逐个对称拧紧

二、判断题

1. 气缸盖罩上设有机油加注孔，便于添加机油。　　　　　　　　　（　　）

2. 气缸垫应具有足够的强度，并且要耐压、耐热和耐腐蚀。　　　　（　　）

3. 风冷发动机的气缸盖有整体式、分块式和单体式三种。　　　　　（　　）

4. 根据气缸体与油底壳安装平面位置的不同，通常把气缸体分为一般式、龙门式、隧道式三种。　　　　　　　　　　　　　　　　　　　　（　　）

5. 对于气缸的磨损检测，用同一横截面上不同方向测得的最大与最小直径差值的一半作为圆柱度误差。　　　　　　　　　　　　　　　　　（　　）

任务三 活塞连杆组的拆装与检查

✎ 情景导入

　　客户赵先生驾驶一辆 2018 款别克威朗轿车，在行驶过程中排气管会有冒蓝烟现象。维修技师检测及路试检查后发现活塞环损坏，因此造成烧机油，应更换活塞环。作为汽车维修技师，请仔细查看服务顾问提供的汽车问诊表，并针对故障进行后续处理。

接车问诊表

车牌号：黑 A××××× 　车架号：LSGBC×××××123456　 行驶里程：70000（km）
用户名：赵××　电话：150×××× 2112　来店时间：2022.9.1
用户陈述及故障发生时的状况：在行驶过程中，排气管会有冒蓝烟现象
接车员检测确认建议：活塞环损坏，更换活塞环
车间检测确认结果及主要故障零部件：
车间检查确认者：

外观确认：	功能确认：（工作正常√　不正常×）
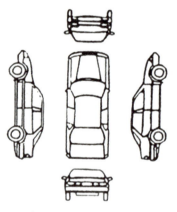（请在有缺陷部位做标识）	☑音响系统　☑门锁（防盗器）　☑全车灯光 ☑工具　☑后视镜　☑天窗　☑座椅 ☑点烟器　☑玻璃升降器　☑玻璃 物品确认：（有√　无×） 贵重物品提示 ☑工具　☑备胎 ☑灭火器　☑其他（　　　） 旧件是否交还用户 ☑是　□否 用户是否需要洗车 ☑是　□否

　　检测费说明：本次检测的故障如用户在本店维修，检测费包含在修理费用内；如用户不在本店维修，请您支付检测费。本次检测费：¥××××元。

　　贵重物品：在将车辆交给我店检查修理前，已提示将车内贵重物品自行收起并保存好，如有遗失恕不负责。

　　接车员：张××　用户确认：赵××

一、活塞

1. 活塞的作用

活塞的作用是承受气缸的气体压力，并将此力通过活塞销传给连杆，以推动曲轴旋转并对外输出动力。活塞还与气缸盖、气缸壁等共同组成燃烧室。

认识活塞连杆组

2. 活塞的工作条件和材料

活塞在高温、高速和高压的环境下工作，因而，要求活塞应具有足够的刚度和强度；重量尽可能地轻；导热性好；要有足够的耐热、耐磨性；温度变化时，尺寸和形状的变化要小。汽车发动机活塞广泛采用铝合金制造，有的柴油发动机活塞采用高级铸铁或耐热钢制造。

3. 活塞的结构

活塞的基本结构可分为顶部、头部和裙部，如图 2-3-1 所示。

活塞头部 —— 活塞顶部
活塞裙部

图 2-3-1　活塞的结构

（1）活塞顶部　活塞顶部是组成燃烧室的主要部分，其形状与选用的燃烧室形式有关，主要有平顶、凹顶和凸顶等形式，如图 2-3-2 所示。汽油机活塞一般采用平顶活塞，其优点是吸热面积小、制造工艺简单。有些发动机为了改善混合气的形成而采用凹顶活塞，凹坑的大小可以调节发动机压缩比。

a）平顶　　　　　　　　b）凹顶　　　　　　　　c）凸顶

图 2-3-2　活塞顶部的形状

（2）活塞头部　活塞头部是指第一道活塞环槽到活塞销座孔以上部分，其主要作用是安装活塞环，承受气体压力并传给连杆，与活塞环一起实现对气缸的密封，将活塞顶部所吸收的热量通过活塞环传给气缸壁。

（3）活塞裙部　活塞裙部是指油环槽以下部分，包括装活塞销的销座孔。活塞裙部的作用是对活塞在气缸内的往复运动起导向作用，并承受侧压力，防止破坏油膜。

二、活塞环

活塞环安装在活塞环槽内，用来密封活塞与气缸壁之间的间隙，防止窜气，同时使活塞往复运动顺畅。活塞环包括气环和油环，如图 2-3-3 所示。

图 2-3-3　活塞环

1. 活塞环的结构

（1）气环　气环也叫作压缩环，其作用是保证活塞与气缸壁间的密封，另外还起到刮油和布油的辅助作用。为了加强密封、加速磨合，减少泵油作用以及改善润滑，除了合理采用材料和加工工艺外，在结构上气环还采用了不同的断面形状，主要有矩形环、锥形环、梯形环、桶形环、扭曲环等，如图 2-3-4 所示。其中，扭曲环又分为内切口和外切口两种。内切口扭曲环的切口在其内圆上边，而外切口则在其外圆下边。

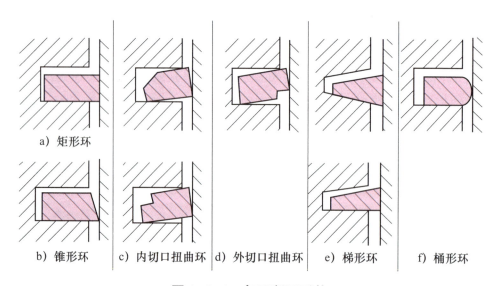

a）矩形环　　b）锥形环　　c）内切口扭曲环　d）外切口扭曲环　e）梯形环　　f）桶形环

图 2-3-4　气环断面形状

（2）油环　汽车发动机采用的油环有整体式和组合式两种，如图 2-3-5 所示，目前广泛应用的是组合式油环。组合式油环由起刮油作用的上、下两个钢片（也称刮片）和产生径向、轴向弹力作用的衬簧组成。

a）整体式油环　　　　　b）组合式油环

图 2-3-5　油环的类型

2. 活塞环的工作条件及其材料选用

活塞环工作时受到气缸中高温、高压燃气的作用，并在润滑不良的条件下在气缸内高速滑动。由于气缸壁面的形状误差，使活塞环在上下滑动的同时还在环槽内产生径向移动，这不仅加重了环与环槽的磨损，还使活塞环受到交变弯曲应力的作用而容易折断。目前，活塞环广泛采用的材料是优质灰铸铁、球墨铸铁或合金铸铁。不少发动机的第一道活塞环，甚至所有的活塞环，其工作表面都进行了多孔镀铬或喷钼。由于多孔性铬层硬度高，并能储存少量的机油，可以减缓活塞环及气缸壁的磨损。还有的活塞环采用镀锡、磷化或硫化处理，以改善活塞环的磨合性。当活塞环磨损到失效时，将出现发动机起动困难，功率下降，曲轴箱压力升高，机油消耗量增加，排气冒蓝烟，燃烧室、活塞等表面严重积炭等不良状况。

3. 活塞环的间隙

发动机工作时，活塞和活塞环都会发生热膨胀。活塞环既要相对于气缸做往复运动，又要相对于活塞做横向移动。因此，活塞环在环槽内应留有 3 个间隙，即端隙、侧隙和背隙。

1）端隙：端隙又称开口间隙，是活塞环在冷态下装入气缸后开口处的间隙，如图 2-3-6 所示。

2）侧隙：侧隙又称边隙，是活塞环在环高方向上与环槽之间的间隙，如图 2-3-6 所示。

3）背隙：背隙是活塞及活塞环装入气缸后，活塞环背面与环槽底部间的间隙，如图 2-3-6 所示。油环的背隙较气环大，目的是增加存油间隙，以利于减压泄油。

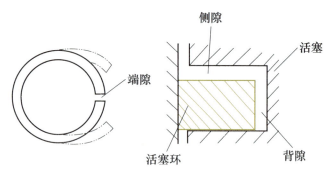

图 2-3-6　活塞环的"三隙"

三、活塞销

1. 活塞销的作用

活塞销的作用是连接活塞和连杆小头，把活塞承受的气体作用力传递给连杆，使连杆小头同活塞一起运动。

2. 活塞销的工作条件和结构

活塞销承受大的冲击载荷，其本身又做摆转运动，润滑条件很差。因此要求活塞销具有足够的刚度和强度，表面韧性好，耐磨性好，重量轻等特性。所有活塞销一般都用优质合金钢制造，其结构形状基本是一个厚壁空心圆柱，内孔形状有圆柱形、截锥形和组合形，如图 2-3-7 所示。

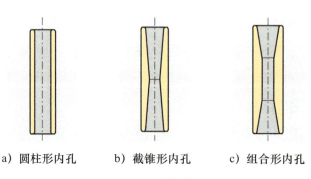

a）圆柱形内孔　　　b）截锥形内孔　　　c）组合形内孔

图 2-3-7　活塞销内孔形式

3. 活塞销的连接方式

活塞销与活塞销座孔的连接方式有全浮式和半浮式两种。

（1）全浮式　全浮式是指活塞销能在连杆衬套和活塞销座孔中自由转动，如图 2-3-8 所示。全浮式活塞销的优点是增大了实际接触面积。在工作过程中，活塞销可以缓慢地转动，使磨损减轻，并沿圆周均匀分布，目前被广泛采用。

（2）半浮式　半浮式是指活塞销与活塞销座孔或连杆小头，一处固定，另一处浮动。大多数半浮式采用的是活塞销与连杆小头固定的方式，如图 2-3-9 所示。这种连接方式的销座孔内无卡簧，连杆小端处无衬套。

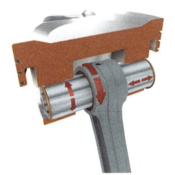

图 2-3-8　全浮式活塞销连接方式　　　　图 2-3-9　半浮式活塞销连接方式

四、连杆

1. 连杆的作用

连杆是活塞与曲轴连接的部件，其作用是将活塞承受的力传给曲轴，并将活塞往复运动变为曲轴的旋转运动。

2. 连杆的性能要求及其材料选用

连杆的性能要求是具有足够的刚度和强度，重量轻，一般使用中碳钢或中碳合金钢模锻而成，也有一些是采用球墨铸铁制造的。为提高连杆的疲劳强度，通常还采用表面喷丸处理。

3. 连杆的结构

连杆由连杆杆身、连杆轴承盖、连杆螺栓和连杆轴承等零件组成，连杆体与连杆盖分为连杆小头、连杆杆身和连杆大头 3 部分，如图 2-3-10 所示。

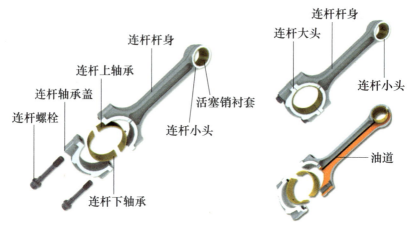

图 2-3-10　连杆的结构

（1）连杆小头　连杆小头通过活塞销连接活塞。小头孔内压入有衬套，在连杆的小头和衬套上还钻有小孔，用来润滑连杆小头和活塞销。

（2）连杆杆身　连杆杆身通常做成"工"字形或"H"形断面，以提高其抗弯刚度。杆身内有纵向的压力油通道，以对活塞销进行压力润滑。

（3）连杆大头　连杆大头与曲轴的连杆轴颈相连，有整体式和分开式两种。多数发动机采用分开式连杆大头，被分开的部分称为连杆盖，用特制的连杆螺栓紧固在连杆大头上。根据连杆大头切口形式的不同，分开式连杆可分为平切口和斜切口两种，如图 2-3-11 所示。

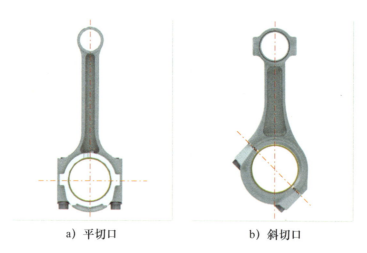

　　　　a）平切口　　　　　　　　　b）斜切口

图 2-3-11　连杆大头的切口形式

（4）连杆螺栓　连杆螺栓是一个要承受很大冲击性载荷的重要零件，当其损坏时，将给发动机带来极其严重的后果，因此一般采用韧性较高的优质合金钢或优质碳素钢锻制成形。

（5）连杆轴承 连杆轴承也称为连杆轴瓦（俗称小瓦），装在连杆大头的孔内，用以保护连杆轴颈及连杆大头孔。如图 2-3-12 所示，连杆轴承由钢背和减摩合金层组成，钢背由厚 1~3mm 的低碳钢制成，在钢背的内圆面上浇注 0.3~0.7mm 厚的减摩合金层，用以减少摩擦阻力、加速磨合并保持油膜。同时，连杆轴承上还设置定位凸键和油槽。定位凸键的作用是使连杆轴承能装配在合理的位置，避免发生转动或轴向移动。油槽的作用是保证在最恰当的时段向活塞供油，保证活塞冷却良好，避免气缸磨损损坏。

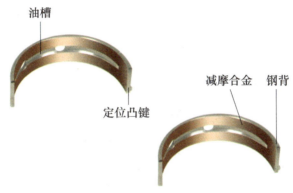

图 2-3-12　连杆轴承的结构

五、活塞连杆组的拆装注意事项

以 2018 款别克威朗轿车为例：

1）拆卸活塞连杆组前，需要预先把油底壳、前密封法兰和机油泵拆除。

2）拆装活塞连杆组前，需要预先将待拆活塞连杆组转动至下止点位置。

3）需要敲击活塞或连杆时，只能使用橡胶锤或木棒。用橡胶锤推出活塞连杆组时，注意不要倾斜，不要硬撬及硬敲，以免损坏气缸。

4）取出活塞连杆组后，应将连杆轴承盖、螺栓螺母及连杆轴承按原位装回，并检查连杆的装配标记及序号。

5）安装活塞环时，将活塞环开口相互错开 120°，不要重合，且避开活塞销座及其垂直部分。

6）每安装完一个活塞连杆组后，需要转动曲轴观察活塞运动状况和曲轴转动阻力。

六、活塞连杆组的检修

以 2018 款别克威朗轿车为例进行相关检查操作。

1. 活塞的检修

活塞常见的损伤形式有积炭、顶部烧蚀、刮伤、活塞环槽磨损、活塞裙部磨损和活塞销座孔磨损等。

（1）清洁活塞积炭　活塞上的积炭主要沉积在活塞顶部和活塞环槽内。活塞顶部积炭可用刮刀清除，如图 2-3-13 所示。若活塞环槽内有积炭，可用折断的旧活塞环磨制成合适的形状进行清除，如图 2-3-14 所示，但应注意不要刮伤活塞环槽底部。

活塞连杆组
拆装与检查

图 2-3-13　清除活塞顶部积炭　　　图 2-3-14　清除活塞环槽内积炭

⚠ **思考**　是否可以用刮刀清除活塞环槽内的积炭？

（2）检查活塞的破损和烧蚀情况　活塞拆出后应检查其顶部有无异常，若有撞击造成的明显凹陷甚至是裂损，应及时查明故障原因，并予以排除。对烧蚀较轻的活塞，允许继续使用；若烧蚀严重，则必须更换。

（3）检查活塞环槽的磨损　高压燃烧气体的作用和活塞的高速往复运动，使活塞环对环槽冲击很大。尤其是第一环槽，由于活塞头部在工作过程中还受到高温、高压燃烧气体的作用，使其强度下降，从而造成第一道活塞环槽的磨损最为严重。活塞环槽磨损将会使活塞环与环槽侧隙增大，进而使气缸漏气、窜油，密封性下降等。

（4）检查活塞的刮伤　活塞刮伤一般都有明显的痕迹。轻度刮伤的活塞，如果不影响与气缸的配合间隙，允许用细砂布研磨后继续使用；刮伤严重的活塞必须更换，并根据下述情况查明故障原因。

1）活塞裙部两侧同时出现刮伤，通常是新换活塞与气缸配合间隙过小所致。

2）活塞裙部垂直于活塞销方向的一侧刮伤，通常是怠速转速过低使缸壁润滑不良或发动机长期大负荷工作，而导致活塞受侧压力较大的一侧刮伤。

3）活塞裙部两侧销座处刮伤，通常是活塞销与座孔配合过紧，受热后沿活塞销方向膨胀量过大造成。

4）活塞与气缸配合间隙过大，将会引起第一道环槽的上部磨损或刮伤。

5）刮伤部位出现在一侧活塞销座的上方，通常是连杆变形造成。

（5）测量活塞直径　活塞的主要磨损部位是裙部，测量时用外径千分尺在距离活塞顶部下面约 30mm 处，垂直于活塞销孔轴线方向测量，如图 2-3-15 所示。若直径不符合标准（标准直径：73.957~73.971mm），应更换活塞。

图 2-3-15　测量活塞直径

2. 活塞环的检修

（1）检测活塞环端隙　检测活塞环端隙时，将活塞环平正地放入气缸内，用活塞顶部将其推平，离气缸边缘约 25mm 的位置，然后用塞尺测量开口处间隙，如图 2-3-16 所示。如果间隙超出了规定值，则必须更换活塞环。别克威朗 L3G 发动机 3 道活塞环端隙标准值：第一道为 0.25~0.40mm，第二道为 0.40~0.60mm，第三道（油环）为 0.25 ~ 0.75mm。

图 2-3-16　检测活塞环端隙

（2）检测活塞环侧隙　检查活塞环侧隙时，将活塞环放入环槽内，用塞尺测量，如图2-3-17所示。如果侧隙过大，应重新选配活塞环；如果侧隙过小，可以把活塞环放在铺有砂布的平板上或专用设备上进行研磨。别克威朗L3G发动机3道活塞环侧隙标准值：第一道为0.03～0.08mm，第二道为0.03～0.07mm，第三道（油环）为0.05～0.19mm。

图2-3-17　检测活塞环侧隙

（3）检测活塞环背隙　活塞环背隙难以直接测量，通常背隙以槽深与环宽之差来表示，一般为0.5～1mm。如果测量值不符合规定，则应更换活塞。

3.连杆的检修

（1）外观检查

1）检查活塞销衬套是否擦伤或损坏。

2）检查连杆杆身是否扭曲或弯曲。

3）检查连杆盖上是否存在由于相互干涉所造成的划痕或损坏。

4）检查连杆轴承座合面是否有擦伤或磨损。

（2）检查连杆小头与活塞销配合间隙

1）使用外径千分尺在活塞销与连杆相接触部位测量活塞销外径，如图2-3-18所示。

2）使用内径千分尺，测量连杆小头孔径，如图2-3-19所示。

3）用连杆小头孔径减去活塞销外径即配合间隙。

4）将所得值与标准值（0.007～0.2mm）进行比较，如果间隙过大，则更换活塞销；如果新活塞销仍不能解决间隙问题，则更换连杆。

图 2-3-18 测量活塞销外径

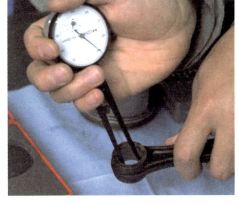

图 2-3-19 测量连杆小头孔径

（3）检查连杆大头孔径

1）使用内径千分尺，测量连杆大头孔径。

2）将测量值与标准值（47.186～47.202mm）进行比较，如果测量值超出规定值，则更换连杆。

⚠ **思考** 连杆与活塞销分别发挥着什么样的作用？二者有怎样的配合关系？

✏ **课程育人**

在一汽解放大连柴油机有限公司有一位高级技师，现年 53 岁的他也是全国人大代表、全国劳动模范……众多头衔和荣誉中，他最看重的却是"中国工人"这个头衔。33 年来，他在车间穿梭，在机器的轰鸣声中捕捉着蛛丝马迹，进而准确找出故障，为机器治疗疾病。他就是"发动机医生"鹿新弟。

1987 年，20 岁的鹿新弟以专业第一名的成绩，被分配到一汽解放大连柴油机有限公司产品工程部试验室工作。初出茅庐的他对发动机几乎一无所知，一切都是新的，从零开始对他来说挑战巨大。但是他没有退缩，在师傅宋成金的教导下，他很好地继承了师傅严谨的工作态度，为其今后的发展打下了良好的基础。

后来，公司引进了世界一流的道依茨柴油机，鹿新弟用 3 年的时间，每天忍受着柴油机高于 100dB 的噪声，不断试验并整理数据，最终在内燃机行业建立了首个"道依茨柴油试验方法"，自此我国终于拥有了自主知识产权的柴油机调试技术。

30 多年来，鹿新弟获得国家、省级大奖无数，拥有国家专利 20 个，而这一切都是他忘我付出的结果。他说，"匠心"是他对自己的要求，作为中国工匠，一定不忘初心。

⚠ **思考** 如何理解"匠心独具"这个成语的呢？现代工匠是否有了"匠心"就足够了呢？

🖊 **巩固提升**

一、选择题

1. 一般汽油机活塞顶部多采用（ ）。

   A. 平顶   B. 凹顶   C. 凸顶   D. 成形顶

2. 在保证连杆强度和刚度的前提下，为了减轻连杆的质量，连杆杆身通常采用（ ）字形截面。

   A. 工   B. Z   C. O   D. A

3. 下列说法正确的是（ ）。

   A. 半浮式活塞销能在连杆衬套和活塞销座孔中自由转动

   B. 全浮式活塞销与活塞销座孔或连杆小头，一处固定，另一处浮动

   C. 半浮式活塞销销座孔内无卡簧，连杆小端处无衬套

   D. 全浮式活塞销的缺点是磨损严重

4. 活塞环三隙不包括（ ）。

   A. 端隙   B. 背隙   C. 侧隙   D. 两气环间隙

5. 安装活塞环时，需将活塞环开口相互错开（ ）。

   A. 60°   B. 90°   C. 120°   D. 180°

二、判断题

1. 发动机工作中，活塞承受气缸中气体的压力，并将此压力传给连杆，以便推动曲轴旋转。   （   ）

2. 活塞销座以上的部分是活塞裙部。   （   ）

3. 活塞环槽的磨损通常发生在高度方向上，第一道活塞环槽磨损最严重。   （   ）

4. 活塞顶部积炭可用刮刀清除，活塞环槽内的积炭，可用折断的旧活塞环磨制成合适的形状进行清除。   （   ）

5. 一般发动机上装有二道油环和一道气环。   （   ）

任务四 曲轴飞轮组的拆装与检查

📝 情景导入

　　客户赵先生驾驶一辆 2018 款别克威朗轿车，稳定行驶时无异常现象，但突然加速或减速时，发动机舱内会发出低沉、钝重、连续的"噔、噔"的金属敲击声，严重时还伴有发动机振动现象。维修技师检测及路试检查后发现响声部位靠近曲轴箱，且机油压力明显降低，初步判断可能是曲轴轴承配合间隙过大引起的。为了确定故障原因，需对曲轴飞轮组做进一步检测。作为汽车维修技师，请仔细查看服务顾问提供的汽车问诊表，并针对故障进行后续处理。

接车问诊表

车牌号：黑 A ×××××　　车架号：LSGBC ×××××123456　　行驶里程：70000（km）
用户名：赵 ××　电话：150 ×××× 2112　来店时间：2022.9.1
用户陈述及故障发生时的状况：稳定行驶时无异常现象，但突然加速或减速时，发动机舱内会发出低沉、钝重、连续"噔、噔"的金属敲击声，严重时还伴有发动机振动现象
接车员检测确认建议：可能是曲轴轴承配合间隙过大引起的，需对曲轴飞轮组做进一步检测
车间检测确认结果及主要故障零部件：
车间检查确认者：

外观确认：	功能确认：（工作正常√　不正常×）
	☑音响系统　☑门锁（防盗器）　☑全车灯光
	☑工具　☑后视镜　☑天窗　☑座椅
	☑点烟器　☑玻璃升降器　☑玻璃
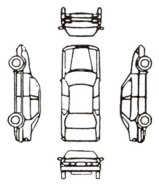	物品确认：（有√　无×）
	贵重物品提示 ☑工具　☑备胎 ☑灭火器　☑其他（　　　） 旧件是否交还用户 ☑是　□否 用户是否需要洗车 ☑是　□否
（请在有缺陷部位做标识）	

检测费说明：本次检测的故障如用户在本店维修，检测费包含在修理费用内；如用户不在本店维修，请您支付检测费。本次检测费：¥×××××元。 　　贵重物品：在将车辆交给我店检查修理前，已提示将车内贵重物品自行收起并保存好，如有遗失恕不负责。 　　接车员：张××　用户确认：赵××

一、曲轴

1. 曲轴的作用

曲轴的主要作用是将活塞连杆组传来的气体作用力转变成曲轴的旋转力矩，传给底盘的传动系统。同时，驱动配气机构和其他辅助装置，如风扇、水泵、发电机等。

2. 曲轴的结构

曲轴主要由曲轴前端、曲轴后端、主轴颈、连杆轴颈和曲柄臂组成，如图 2-4-1 所示。

认识曲轴飞轮组

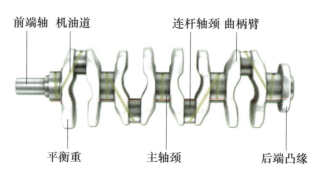

图 2-4-1　曲轴的结构

（1）曲轴前端　曲轴前端主要用来驱动配气机构、水泵和风扇等附属机构，前端轴上安装有正时齿轮（或同步带轮）、风扇与水泵的带轮、扭转减振器以及起动爪等。

（2）曲轴后端　曲轴后端采用凸缘结构，用来安装飞轮。

（3）主轴颈　主轴颈是曲轴的支撑部分，通过主轴承支撑在曲轴箱的主轴承座中。主轴颈的数目不仅与发动机气缸数目有关，还取决于曲轴的支撑方式。曲轴的支撑方式一般有两种，一种是全支撑，另一种是非全支撑，如图 2-4-2 所示。

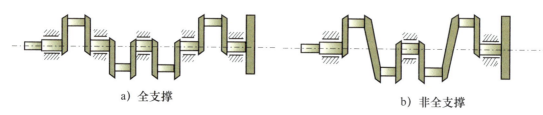

a）全支撑　　　　　　　　　　b）非全支撑

图 2-4-2　全支撑曲轴和非全支撑曲轴

全支撑曲轴：每一个连杆轴颈两边都有一个主轴颈，如四缸发动机有 5 个主轴颈，六缸发动机有 7 个主轴颈。

非全支撑曲轴：主轴颈数少于连杆轴径。

（4）连杆轴颈　连杆轴颈是曲轴与连杆的连接部分，用于安装连杆大头。一般轴颈表面均进行淬火，过渡圆角处还需进行滚压强化等工艺，以提高其疲劳强度。

（5）曲柄臂　曲柄臂是主轴颈与连杆轴颈的连接部分。为了平衡惯性力，曲柄臂处一般铸有平衡重块以使曲轴旋转平稳。一个连杆轴颈，左、右两个曲柄臂和左、右两个主轴颈构成一个曲拐。单缸发动机的曲轴只有一个曲拐；多缸直列式发动机曲轴的曲拐数与气缸数相同；V 型发动机曲轴的曲拐数等于气缸数的一半。

3. 曲拐布置和多缸发动机的工作顺序

各曲拐的相对位置或曲拐布置取决于气缸数、气缸排列方式和发动机的工作顺序，当气缸数和气缸排列形式确定之后，曲拐布置就只取决于发动机的工作顺序。

（1）曲拐布置应遵循的原则

1）应使连续做功的两缸距离尽可能远，以减少主轴承的负荷，避免相邻两缸进气门同时开启而发生抢气现象。

2）做功间隔角尽量均匀，以使发动机运转均匀。

3）曲拐布置应尽可能对称、均匀，以使发动机工作平衡性好。

（2）常见的几种发动机曲拐布置和工作顺序

1）四冲程四缸直列发动机：四缸直列发动机做功间隔角为 720°/4=180°，曲拐对称布置在同一平面内（1、4 同向，2、3 同向），各缸的工作顺序有 1-3-4-2 或 1-2-4-3 两种。其曲拐布置和工作循环如图 2-4-3 所示并见表 2-4-1。

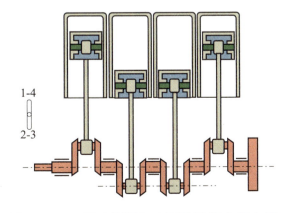

图 2-4-3　四冲程四缸直列发动机曲拐布置

表 2-4-1　四冲程四缸直列发动机工作循环（工作顺序 1-3-4-2）

曲轴转角/(°)	1缸	2缸	3缸	4缸
0~180	做功	排气	压缩	进气
180~360	排气	进气	做功	压缩
360~540	进气	压缩	排气	做功
540~720	压缩	做功	进气	排气

2）四冲程六缸直列发动机：六缸直列发动机做功间隔角为 720°/6=120°，曲拐均匀布置在互成 120° 的三个平面内（1、6 同向，2、5 同向，3、4 同向）。各缸的工作顺序有 1-5-3-6-2-4 或 1-4-2-6-3-5 两种。其曲拐布置和工作循环如图 2-4-4 所示并见表 2-4-2。

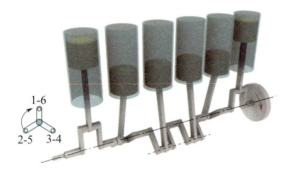

图 2-4-4　四冲程六缸直列发动机曲拐布置

表 2-4-2　四冲程六缸直列发动机工作循环（工作顺序 1-5-3-6-2-4）

曲轴转角/(°)		1缸	2缸	3缸	4缸	5缸	6缸
	0~60		排气	进气	做功	压缩	
0~180	60~120	做功					进气
	120~180			压缩	排气		
	180~240		进气			做功	
180~360	240~300	排气					压缩
	300~360			做功	进气		
	360~420		压缩			排气	
360~540	420~480	进气					做功
	480~540			排气	压缩		
	540~600		做功			进气	
540~720	600~660	压缩		进气	做功		排气
	660~720		排气			压缩	

4.曲轴的工作条件和材料选用

曲轴是在周期性变化的气体压力、往复惯性力及其力矩的共同作用下工作的，承受弯曲和扭转交变载荷。因此，曲轴应有足够的抗弯曲、抗扭转的疲劳强度和刚度，轴颈应有足够大的承压表面和耐磨性，曲轴的质量应尽量小，对各轴颈的润滑应该充分。曲轴一般选用强度高、耐冲击和耐磨性能好的优质中碳结构钢、优质中碳合金钢或高强度球墨铸铁来锻造或铸造。

二、曲轴轴承

1. 曲轴轴承的功用

曲轴轴承也称为主轴承，装在缸体的主轴承孔内，其作用是保护主轴颈及主轴承孔。同时，为避免曲轴发生轴向窜动，需装设有推力轴承，如图 2-4-5 所示。

2. 曲轴轴承的结构

曲轴轴承和连杆轴承的材质相同，分为上、下两片。它们在自由状态下不是半圆形，装入轴承盖后，因有过盈量，故能均匀地紧贴在孔壁上，具有很好的承受载荷和导热的能力。如图 2-4-6 所示，轴承上设有定位唇，安装时嵌入定位槽中，可以防止轴承前后移动或转动。有的轴承上还有环形油槽、油孔。

图 2-4-5 曲轴轴承的结构

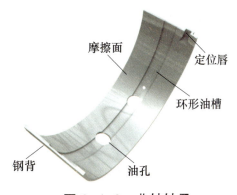

图 2-4-6 曲轴轴承

推力轴承也称为止推片，通常将其安装在前端第一道主轴承处或最后一道主轴承处或中部某轴承处。如图 2-4-7 所示，推力轴承分为分离式和整体式，整体式推力轴承和曲轴轴承制成一体。

油槽

a）分离式　　　　　　　　b）整体式

图 2-4-7　推力轴承的结构

三、曲轴扭转减振器

1. 曲轴扭转减振器的作用

发动机工作时，曲轴在周期性变化的转矩作用下，各曲拐之间发生周期性相对扭转的现象称为扭转振动，简称扭振。当发动机转矩的变化频率与曲轴扭转的自振频率相

阻尼橡胶

图 2-4-8　带扭转减振器的传动带轮

同或成整数倍时，就会发生共振。共振时，扭转振幅增大，将导致传动机构磨损加剧，发动机功率下降，甚至使曲轴断裂。为了消减曲轴的扭转振动，现代汽车发动机多在曲轴前端的传动带轮内装有扭转减振器，如图 2-4-8 所示。

2. 曲轴扭转减振器的结构

汽车发动机常用的扭转减振器为摩擦式扭转减振器，主要有橡胶式扭转减振器和硅油式扭转减振器两种。目前使用较多的是橡胶摩擦式曲轴扭转减振器，其结构如图 2-4-9 所示，一般由曲轴带轮、曲轴带轮轮毂、摩擦盘和橡胶环组成。

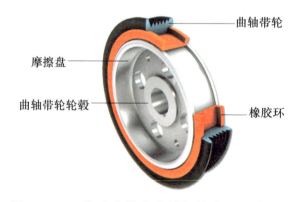

曲轴带轮

摩擦盘

曲轴带轮轮毂

橡胶环

图 2-4-9　橡胶摩擦式曲轴扭转减振器的结构

四、飞轮

1.飞轮的作用

飞轮通过中心螺栓孔连接曲轴，发动机起动时，飞轮齿圈被起动机带动旋转，从而带动曲轴转动。飞轮主要的作用有以下几点：

1）将做功冲程的能量储存起来，以便克服进气、压缩和排气行程的阻力，使曲轴能均匀地旋转。

2）使起动机通过飞轮上的齿圈起动发动机。

3）通过飞轮上的上止点记号来校准发动机的点火正时或喷油正时。

4）使发动机能够克服短时间的超负荷。

5）将发动机的动力传给离合器。

2.飞轮的结构

飞轮是一个转动惯量很大的铸铁圆盘，相当于一个能量储存器，一般由飞轮挡圈、齿圈、飞轮、飞轮固定螺栓等部件组成，如图 2-4-10 所示。为保证在有足够转动惯量的前提下，尽可能减少飞轮质量，应使飞轮的大部分质量都集中在轮缘上，因而轮缘通常又宽又厚。

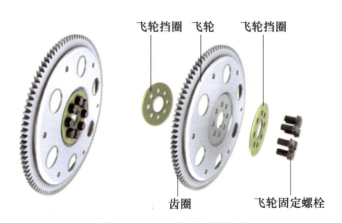

飞轮挡圈　飞轮　　飞轮挡圈

齿圈　　　　　飞轮固定螺栓

图 2-4-10　飞轮的结构

五、曲轴飞轮组的拆装注意事项

以 2018 款别克威朗轿车为例：

1）拆卸曲轴前，需要预先把前、后密封法兰、飞轮和机油泵拆除。

2）拆装曲轴前，需要预先将曲轴转动到曲拐与气缸体下缘相平行的位置。

3）拆卸曲轴轴承盖时，应按从两边到中间的顺序，分几次均匀地松开曲轴

曲轴飞轮组
拆装

轴承盖螺栓，安装时按与拆卸相反的顺序进行。

4）注意曲轴轴承、曲轴轴承盖等处的装配记号，确保安装正确。

5）装配曲轴飞轮组之前，应对曲轴、曲轴轴承、飞轮等部件进行彻底清洗，并用压缩空气吹干，并保证曲轴、曲轴轴承上油道孔保持畅通。

6）对于轴颈与轴承等配合表面，装配前要在螺栓的螺纹等部位涂抹机油。

六、曲轴飞轮组的检修

以 2018 款别克威朗轿车为例进行相关检查操作。

1. 曲轴的检修

曲轴常见的损伤形式有磨损、变形，严重时会出现裂纹甚至断裂等情况。

（1）曲轴裂纹的检修　曲轴裂纹一般出现在应力集中处，如主轴颈或连杆轴颈与曲柄臂相连的过渡圆角处，如图 2-4-11 所示。

图 2-4-11　曲轴易产生裂纹处

将曲轴清洗后，首先检查主轴颈和连杆轴颈表面有没有毛糙、疤痕和沟槽，然后再检查其裂纹情况。检查方法如下：

1）磁力探伤法：先将曲轴用电磁探伤机磁化，再将磁粉末散在需要检查的部位，同时用小锤轻敲曲轴臂。如有裂纹，在铁粉末聚集的地方就会出现一条清晰的裂纹线条。

2）浸油敲击法：将曲轴用煤油或柴油浸泡 5min 后取出擦干，在其表面均匀地涂上一层滑石粉，然后用手锤分段轻轻敲击曲轴的非工作面。曲轴如有裂纹，油渍经振动后就会经裂纹深处渗出而使曲轴表面的白粉变成黄褐色。

若检测出曲轴有裂纹，一般应报废更换。

（2）曲轴磨损的检修 曲轴磨损主要发生在主轴颈和连杆轴颈部位，且主轴颈和连杆轴颈的磨损是不均匀的，具有一定的规律性。主轴颈和连杆轴颈最大磨损部位相互对应，即各主轴颈的最大磨损靠近连杆轴颈一侧，而连杆轴颈的磨损部位在靠近主轴颈一侧，且连杆轴颈的磨损比主轴颈严重。此外，曲轴轴颈沿轴向还有锥形磨损。

曲轴的磨损可通过用外径千分尺测量曲轴主轴颈和连杆轴颈的圆度误差和圆柱度误差，来确定曲轴轴颈的磨损量。方法如下：

1）清洁曲轴、V 形架。

2）将 V 形架置于平面上，确保平稳。

3）将曲轴两端主轴颈置于 V 形架的 V 形槽中。

4）用外径千分尺先在油孔两侧测量，然后旋转 90°再测量一次，如图 2-4-12 所示。以同样的方法测量其他几个轴颈，同一截面最大直径与最小直径之差的 1/2 为圆度误差；轴颈各部位测得的最大与最小直径之差的 1/2 为圆柱度误差。

5）确定测量值是否在规格之内。圆度、圆柱度的误差大于 0.005mm 时，应按修理尺寸磨修。

图 2-4-12 曲轴轴颈测量

（3）曲轴变形的检修 曲轴变形主要有弯曲、扭曲、弯扭复合等变形形式。变形超限会使轴颈、气缸、活塞连杆组磨损加剧，甚至使曲轴断裂。

曲轴变形的原因主要为使用或修理不当，如长期超负荷运行；个别气缸不工作或工作不均匀；轴承松紧不一；轴颈或轴承座孔轴线不同轴而经常振动；

轴承和轴颈径向、轴向间隙过大产生冲击；活塞或连杆质量相差过大或质量不均；曲轴、活塞连杆组、曲轴与飞轮组件不平衡；曲轴长期不合理放置；发动机烧瓦、抱轴等。

曲轴的弯曲变形可通过检查曲轴中间主轴颈的径向圆跳动量来确定曲轴的弯曲量。方法如下：

1）清洁曲轴、V 形架。

2）将 V 形架置于平面上，确保平稳。

3）将曲轴两端主轴颈置于 V 形架的 V 形槽中。

4）安装磁性表座和百分表，使表头垂直于中间一道主轴颈中央，并与曲轴轴颈接触，如图 2-4-13 所示。

图 2-4-13 曲轴弯曲变形的检测

5）转动曲轴一周，百分表上指针所指示的最大与最小读数之差，即为曲轴的圆跳动误差。

6）确定测量值是否在规格之内。一般曲轴的圆跳动误差应不超过0.04～0.06mm。若大于这个数值，则应进行压力校正，若低于此值，可结合磨削主轴颈予以修正。

（4）曲轴轴向间隙的检修 发动机工作时，由于温度升高，曲轴会发生膨胀，如果没有轴向间隙，会导致曲轴产生变形，所以在安装时要留有轴向间隙。轴向间隙不宜过大，否则会导致发动机运转时产生异响。检查曲轴的轴向间隙时，可将百分表指针抵触在飞轮或曲轴的其他断面上，用撬棒前后撬动曲轴，百分表指针的最大摆差即为曲轴轴向间隙，如图 2-4-14 所示。也可用塞尺插入止推片与曲轴的承推面之间，测量曲轴的轴向间隙。曲轴轴向间隙一般为0.15～0.38mm。轴向间隙的调整是通过更换不同厚度的止推片进行的。

图 2-4-14　曲轴轴向间隙的检测

⚠ **思考**　如何检测轴向定位间隙？如果轴向定位间隙太大将产生什么后果？

2. 曲轴轴承的检修

随着使用时间的增长，轴颈与轴承的磨损就逐渐增加。当轴承间隙超过使用限度时，将会使机油流失，油压降低，轴承的润滑条件变坏。同时，还会产生冲击负荷，造成轴承合金的疲劳剥落和拉毛、烧熔等现象。

（1）曲轴轴承的清洁与检修

1）清洁曲轴轴承，检查曲轴轴承是否有凹坑或凹槽。

2）检查曲轴轴承是否有严重划痕或变色情况。

3）检查曲轴轴承上是否有污物或碎屑嵌入轴承材料。

4）检查曲轴轴承是否未正确就位，表现为轴承有发亮、磨光的部位。

5）如果轴承的下半部分磨损或损坏，则上下半部都应更换。一般情况下，如果下半部分适合使用，则上半部分也应适合使用。

（2）曲轴轴承间隙的检修

1）拆卸曲轴轴承盖。

2）清洗并擦净轴承和曲轴轴颈。

3）根据轴承宽度沿轴向在曲轴轴颈上放与轴承宽度等长的塑料塞尺。

4）安装轴承盖，并以规定力矩拧紧。

5）测量曲轴径向间隙时，不得转动曲轴。

6）拆卸轴承盖，将轴承盖与轴颈间被压扁的塑料塞尺取出，将其压扁的宽度与印刷刻度相比较，就可得出曲轴轴承的径向间隙值。

7）确定间隙是否在规格之内。曲轴轴承间隙一般为 0.012~0.067mm，如果超出标准，应更换曲轴轴承。

⚠️ **思考** 若曲轴轴承间隙不符合标准，应如何选配轴承？

3. 飞轮的检修

飞轮的主要损伤形式有工作面磨损、齿圈磨损或折断。

1）检查飞轮齿圈是否出现断齿或齿面过度损伤、变形等现象。若有，则应更换齿圈或飞轮组件。

2）检查飞轮与离合器的工作表面是否有明显的划伤或沟槽，用钢直尺、塞尺或百分表检查飞轮的平面度，如图 2-4-15 所示。飞轮的平面度应不大于 0.50mm，否则应更换飞轮。

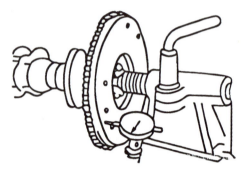

图 2-4-15　飞轮平面度的检测

📝 课程育人

曲轴的旋转是发动机的动力源，也是整个机械系统的原动力。在大型船舶中，它被看作是"心脏的心脏"。航海过程中，天气多变，浪潮翻涌，由于船舶在海面上是逆浪而行，因此需要强劲动力推动船身顶浪前行，作为发动机的重要动力源，曲轴一旦失效，船舶自然无法破浪，在顺风顺浪中行驶时，不仅容易出现跑舵、偏航的问题，甚至会把船推到危险的横风横浪中，极有可能船毁人亡。

2017 年 1 月 16 日，大连重工华锐曲轴公司制造的国内首支特大对接型曲轴 12S90ME-C 成功下线。这个身长 23.06m、重达 452.68t 的核心船舶装备，是一个实实在在的"中国心"。它被安装在由中国首次建造的世界最大、最新型 21000TEUTEU 集装箱船柴油机上。

在国际船舶行业内，常用"是否具备大型曲轴制造能力"来衡量一个国家的造船工业水平。在 2005 年之前，用于万吨巨轮的大型组装式曲轴技术被长期掌握在日本、韩国、西班牙和捷克等少数国家手里，直到 2005 年上海船用曲轴公司才突破技术壁垒。而现在中国已能生产全世界最大的船用柴油机曲轴，且产量不输于日本和韩国，打破了国外长期以来对市场的垄断，成功跻身世界超大型船用曲轴制造行业前列。

⚠️ **思考** 近年来，"中国心"被屡次提及，在汽车行业，你还知道哪些"中国心"？

✏️ **巩固提升**

一、选择题

1. 曲轴飞轮组主要由（　　）等主要零部件组成。

　　A. 活塞、飞轮、扭转减振器　　　　　B. 曲轴、飞轮、扭转减振器

　　C. 连杆、飞轮、平衡重　　　　　　　D. 连杆、曲轴、平衡重

2. 曲轴上的平衡重一般设在（　　　）。

　　A. 曲轴前端　　　　　　　　　　　　B. 曲轴后端

　　C. 曲柄臂上　　　　　　　　　　　　D. 飞轮上

3. 全支撑曲轴的主轴颈数比连杆轴颈数（　　　）。

　　A. 多一个　　　　　　　　　　　　　B. 少一个

　　C. 一样多　　　　　　　　　　　　　D. 以上均不正确

4. 直列四缸发动机，其做功间隔角应为（　　　）。

　　A. 90°　　　　　　　　　　　　　　B. 180°

　　C. 270°　　　　　　　　　　　　　　D. 360°

5. 进行曲轴弯曲变形的检测时，应将曲轴放在检测平台上的 V 形架上，百分表指针抵触在（　　　）主轴颈上。

　　A. 第一道　　　　　　　　　　　　　B. 中间

　　C. 最后一道　　　　　　　　　　　　D. 任意位置

二、判断题

1. 将曲轴支撑在曲轴箱内旋转的轴颈为主轴颈，主轴颈的轴线都在同一直线上。　　　　　　　　　　　　　　　　　　　　　（　　　）

2. 曲轴主轴颈承受的负荷比连杆轴颈大，所以磨损要比连杆轴颈严重。　　　　　　　　　　　　　　　　　　　　　　　　　（　　　）

3. 飞轮外缘上压有一个齿圈，供起动发动机用。　　　　（　　　）

4. 直列六缸发动机，做功顺序为 1-5-3-6-2-4，当 1 缸压缩到上止点时，5缸处于排气行程。　　　　　　　　　　　　　　　　　　（　　　）

5. 曲轴裂纹一般出现在应力集中处，如主轴颈或连杆轴颈与曲柄臂相连的过渡圆角处。　　　　　　　　　　　　　　　　　　（　　　）

　　配气机构的功用是按照发动机工作顺序和工作循环的要求，定时开启和关闭各个气缸的进、排气门，使新鲜可燃混合气或空气得以及时进入气缸，废气得以从气缸及时排除。

　　配气机构主要由气门传动组和气门组两部分组成。

配气机构基本认知

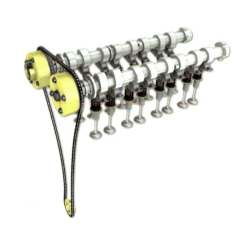

✏️ 学习目标

知识目标

1. 能够描述配气机构的功用及组成。
2. 能够描述配气机构的分类。
3. 能够描述配气机构的工作原理。

技能目标

能够指出配气机构在发动机上的安装位置。

素质目标

1. 培养良好的职业道德和工匠精神。
2. 培养安全意识和团队协作精神。
3. 培养自我管理和自主学习能力。

任务一　配气机构基本认知

📝 **情景导入**

　　客户赵先生驾驶一辆 2018 款别克威朗轿车，超越前方车辆时，发现发动机动力明显不足，以至于无法超越。维修技师初步检查后发现两个气缸压力严重不足。为了确定具体故障原因，需对配气机构做进一步检查。作为汽车维修技师，请仔细查看服务顾问提供的汽车问诊表，并针对故障进行后续处理。

接车问诊表

车牌号：黑A××××　车架号：LSGBC×××××242755　行驶里程：104582（km）	
用户名：赵××　电话：150×××2112　来店时间：2022.9.1	
用户陈述及故障发生时的状况：超越前方车辆时，发动机动力存在明显不足，以至于无法超越	
接车员检测确认建议：检查配气机构	
车间检测确认结果及主要故障零部件：	
车间检查确认者：	

外观确认：	功能确认：（工作正常√　不正常×） ☑音响系统　☑门锁（防盗器）　☑全车灯光 ☑工具　☑后视镜　☑天窗　☑座椅 ☑点烟器　☑玻璃升降器　☑玻璃
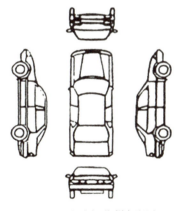 （请在有缺陷部位做标识）	物品确认：（有√　无×） 　贵重物品提示 ☑工具　☑备胎 ☑灭火器　☑其他（　　　） 旧件是否交还用户 ☑是　☐否 用户是否需要洗车 ☑是　☐否

　　检测费说明：本次检测的故障如用户在本店维修，检测费包含在修理费用内；如用户不在本店维修，请您支付检测费。本次检测费：¥××××元。

　　贵重物品：在将车辆交给我店检查修理前，已提示将车内贵重物品自行收起并保存好，如有遗失恕不负责。

　　接车员：张××　用户确认：赵××

一、配气机构的功用及组成

1. 配气机构的功用

配气机构的功用是按照发动机工作顺序和工作循环的要求，与各个气缸活塞的运动相互配合，定时开启和关闭各个气缸的进、排气门，使新鲜可燃混合气（汽油机）或空气（柴油机）进入气缸，并将燃烧后的废气及时排出气缸；在压缩与做功行程中，保证燃烧室的密封。

2. 配气机构的组成

配气机构主要由气门传动组和气门组两部分组成。气门传动组包括凸轮轴、液压挺柱、正时带、正时带轮和张紧轮等；气门组包括进排气门、气门导管、气门座、气门弹簧、气门弹簧座、气门弹簧锁片和气门油封等，如图 3-1-1 所示。

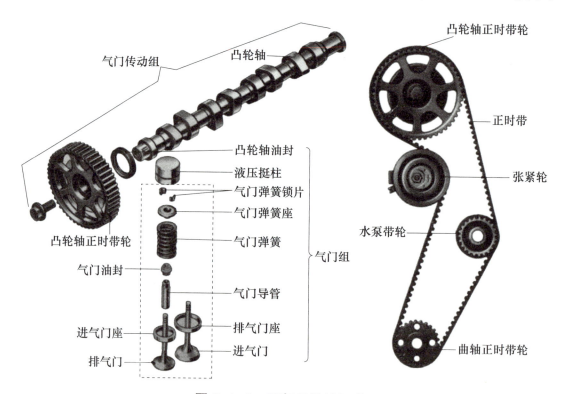

图 3-1-1　配气机构的组成

二、配气机构的分类

1. 按气门布置形式分类

按气门布置形式的不同，配气机构可分为侧置气门式和顶置气门式，如

图 3-1-2 所示。

a) 侧置气门式   b) 顶置气门式

图 3-1-2　配气机构按气门布置形式分类

（1）顶置气门式　气门位于气缸盖上面称为气门顶置式配气机构，由凸轮、挺柱、推杆、摇臂、气门和气门弹簧等组成。其特点是进气阻力小，燃烧室结构紧凑，气流搅动大，能够达到较高的压缩比。目前国产的汽车发动机都采用气门顶置式配气机构。

（2）侧置气门式　气门位于气缸体侧面称为气门侧置式配气机构，由凸轮、挺柱、气门和气门弹簧等组成。气门侧置式配气机构省去了推杆、摇臂等零件，简化了结构。因为它的进、排气门在气缸的一侧，压缩比受到限制，进排气门阻力较大，发动机的动力性和经济性均较差，目前逐渐已经淘汰。

2. 按凸轮轴布置形式分类

按凸轮轴布置形式的不同，配气机构可分凸轮轴下置式、凸轮轴中置式和凸轮轴上置式，如图 3-1-3 所示。

（1）凸轮轴下置式　凸轮轴下置式配气机构是将凸轮轴布置在曲轴箱上，由曲轴正时齿轮带动凸轮轴旋转。这种结构布置的主要优点是凸轮轴离曲轴较近，可用齿轮驱动，传动简单。但是，存在零件较多、传动链长、系统弹性变形大、影响配气准确性等缺点。

（2）凸轮轴中置式　凸轮轴中置式配气机构是将凸轮轴布置在曲轴箱上。中置凸轮轴与下置凸轮轴相比省去了推杆，由凸轮轴经过挺柱直接驱动摇臂，减小了气门传动机构的往复运动质量，适应更高速的发动机。

a）凸轮轴下置式　　　b）凸轮轴中置式　　　c）凸轮轴上置式

图 3-1-3　配气机构按凸轮轴布置形式分类

（3）凸轮轴上置式　凸轮轴上置式配气机构是将凸轮轴直接布置在气缸盖上，直接通过摇臂或凸轮来推动气门的开启和关闭。这种传动机构没有推杆等运动件，系统往复运动构件的质量大大减小，非常适合现代的高速发动机，尤其是轿车发动机。

3. 按气门数目分类

按发动机每个气缸气门数目的不同，配气机构可分为二气门式、三气门式、四气门式和五气门式，如图 3-1-4 所示。

a）二气门式　　　b）三气门式　　　c）四气门式　　　d）五气门式

图 3-1-4　配气机构按气门数目分类

一般发动机每个气缸装配两个气门，即一个进气门和一个排气门。

但是，为了提高进、排气效率，现代汽车有些发动机也采用每个气缸装配 3 个、4 个或 5 个气门。如果一台四缸发动机的每个气缸有 3 个气门，则被称为 12 气门发动机；如果每个气缸有 4 个气门，则被称为 16 气门发动机。

目前，在很多新型汽车发动机上多采用每缸 4 个气门结构，即两个进气门和两个排气门。四气门缸盖允许更多的空气和燃油进入气缸，从而增大了发动机的功率，同样可以使更多的废气排出发动机，这就使得四气门发动机具有更高的容积效率。四气门发动机还具有可以在更高的转速范围内工作等特点。

三、气门间隙

发动机工作时，配气机构零部件由于受热温度升高产生热膨胀，如果运动件之间在冷态时没有间隙或间隙过小，热态时由于运动件受热膨胀，容易引起气门关闭不严，使发动机在压缩和做功行程漏气，导致功率下降，严重时还会造成起动困难。为了消除这种现象，通常发动机冷态装配时，在气门与传动机构中留有适当的间隙，以补偿受热后的热膨胀量。这一间隙通常称为气门间隙，如图 3-1-5 所示。

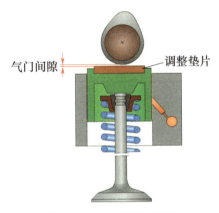

图 3-1-5　气门间隙

气门间隙的大小一般由发动机制造厂根据实验确定。进气门的间隙一般为 0.25～0.30mm；排气门由于温度高，一般为 0.30～0.35mm。如果间隙过小，发动机在热态时可能会关闭不严而漏气，使发动机功率下降；如果间隙过大，则会使气门有效升程减小，使实际进气充量系数下降，此外还加大了传动件之间的冲击，使配气机构噪声增大。

使用液力挺柱的发动机，挺柱的长度能自动变化，从而补偿气门的热膨胀量，所以不需要预留气门间隙，同时也减小了配气机构的振动和噪声，因此被广泛用在发动机中。

四、配气机构的工作原理

下面以顶置凸轮轴式配气机构为例说明配气机构的工作原理，如图 3-1-6 所示。

图 3-1-6　配气机构的工作原理

1）凸轮轴凸轮基圆部分与挺柱接触时，挺柱不升高，气门处于关闭状态。

2）当凸轮轴转动时，凸轮凸起部分与挺柱接触，将挺柱压下，挺杆推动气门克服气门弹簧力使气门打开。

3）当凸轮轴继续转动，凸轮凸起部分转过挺柱后又恢复凸轮基圆与挺柱接触。凸轮不再驱动挺柱，气门在弹簧张力的作用下，开度逐渐减小，直至关闭，恢复到关闭状态。

从上述工作原理可以看出，气门的开启是通过气门传动组的作用而完成的，而气门的关闭是由气门弹簧来完成的，气门的开闭时刻与规律完全取决于凸轮的轮廓曲线形状。每次气门打开时，压缩弹簧为气门关闭积蓄能量。

📖 课程育人

20 世纪的汽车技术是建立在大排量、多缸，多气门上的。随着电子行业的飞速发展和全球智能化的革新，现代发动机在自动控制技术方面有了大幅度的提高。传统发动机的很多不可变参数，现在可以在计算机的控制下实现随车况变化而变化，从而满足不同工况的需求。

可变技术（Variable Technology）是指随着使用工况及要求的变化，或者为了解决矛盾及避免内燃机不正常工作现象的出现，使相关系统的结构或参数做相应的变化，从而使内燃机在各种工况下的综合性能指标大幅度地提高，同时避免不正常燃烧及超负荷现象的产生。可变技术涉及范围较广，如可变压缩比、可变进气系统、可变配气定时、可变喷油系统、可变增压系统等，在解决较大转速范围内动力性和经济性的矛盾方面，可变技术显示出独特的优势。

现如今，汽车发动机运行转速范围越来越大，因此，可变配气机构也越来越受到关注，成为了国内外发动机研究的热门课题。同时，随着"低碳环保"不断深入人心，如何能够完全控制配气相位和气门升程，从而提高发动机的动力性和经济型，降低排放，这将成为下一阶段技术研究的大趋势。

⚠️ **思考** 除了复杂的道路环境和环保问题，还有哪些因素是我们下一步技术研究需要考虑的？

✏️ **巩固提升**

一、选择题

1. 按凸轮轴布置形式分类，下列不属于配气机构分类的是（ ）。
  A．凸轮轴下置式 　　　　　　　B．凸轮轴中置式
  C．凸轮轴上置式 　　　　　　　D．凸轮轴侧置式

2. 按气门数目分类，下列不属于配气机构分类的是（ ）。
  A．每缸一气门 　　　　　　　　B．每缸二气门
  C．每缸三气门 　　　　　　　　D．每缸四气门

3. 下列各个零件不属于气门传动组的是（ ）。
  A．气门弹簧 　　　　　　　　　B．液压挺柱
  C．凸轮轴 　　　　　　　　　　D．正时带

4. 进气门的间隙一般为（ ）。
  A．0.10～0.15mm 　　　　　　　B．0.15～0.20mm
  C．0.20～0.25mm 　　　　　　　D．0.25～0.30mm

5. 排气门的间隙一般为（ ）。
  A．0.15～0.20mm 　　　　　　　B．0.20～0.25mm
  C．0.25～0.30mm 　　　　　　　D．0.30～0.35mm

二、判断题

1. 配气机构的功用是关闭进、排气门，防止气缸漏气。 （ ）

2. 配气机构主要由气门传动组和气门组两部分组成。 （ ）

3. 按气门布置形式的不同，配气机构可分为侧置气门式和顶置气门式。
   （ ）

4. 液力挺柱的长度可以自动变化。 （ ）

5. 气门开闭时刻与规律完全取决于凸轮的轮廓曲线形状。 （ ）

任务二 气门组的结构认知与检查

✏️ 情景导入

　　客户赵先生驾驶一辆 2018 款别克威朗轿车，高速行驶时，发现车速上升很慢并且明显感觉发动机动力比以前要弱。维修技师初步检查后发现第 3 缸气缸压力严重不足。为了确定具体故障原因，需对气门组做进一步检查。作为汽车维修技师，请仔细查看服务顾问提供的汽车问诊表，并针对故障进行后续处理。

接车问诊表

车牌号：黑 A×××××　车架号：LSGBC×××××242755　行驶里程：104582（km）
用户名：赵 ××　电话：150×××2112　来店时间：2022.9.1
用户陈述及故障发生时的状况：高速行驶时，车速上升很慢并且明显感觉发动机动力比以前要弱
接车员检测确认建议：检查气门组
车间检测确认结果及主要故障零部件：
车间检查确认者：

外观确认： 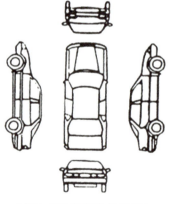 （请在有缺陷部位做标识）	功能确认：（工作正常√　不正常×） ☑音响系统　☑门锁（防盗器）　☑全车灯光 ☑工具　☑后视镜　☑天窗　☑座椅 ☑点烟器　☑玻璃升降器　☑玻璃
	物品确认：（有√　无×）
		贵重物品提示 ☑工具　☑备胎 ☑灭火器　☑其他（　　） 旧件是否交还用户 ☑是　□否 用户是否需要洗车 ☑是　□否

　　检测费说明：本次检测的故障如用户在本店维修，检测费包含在修理费用内；如用户不在本店维修，请您支付检测费。本次检测费：¥××××元。

　　贵重物品：在将车辆交给我店检查修理前，已提示将车内贵重物品自行收起并保存好，如有遗失恕不负责。

　　接车员：王××　用户确认：赵××

一、气门组的组成

气门组主要由气门、气门座、气门导管、气门油封、气门弹簧、气门弹簧座、气门锁片等组成，如图 3-2-1 所示。

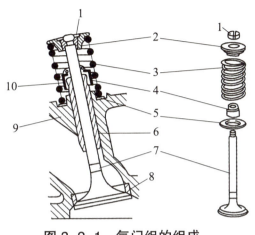

图 3-2-1 气门组的组成

1—气门锁片 2—气门弹簧座 3—气门弹簧 4、10—气门油封
5—气门弹簧垫 6—气门导管 7—气门 8—气门座 9—气缸盖

1. 气门

气门由头部和杆身组成，如图 3-2-2 所示，其中，头部用来封闭气缸的进、排气通道，杆身主要为气门的运动导向。

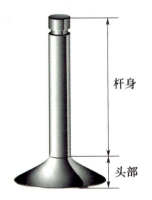

杆身

头部

图 3-2-2 气门的组成

（1）气门头部 气门头部按形状不同可分为平顶、喇叭形顶和球面顶，如图 3-2-3 所示。平顶气门结构简单，制造方便，吸热面积较小，质量也较小，进、排气门都可采用。喇叭形顶气门头部与杆身的过渡部分具有一定的流线形，可以减小进气阻力，但其顶部受热面积较大，故适用于进气门，而不宜用于排

气门。球面顶气门适用于排气门，因为其强度高，排气阻力小，废气清除效果好，但其受热面积大，质量和惯性力大，加工较复杂。

a）平顶   b）喇叭形顶   c）球面顶

图 3-2-3　气门头部的分类

（2）气门杆身　气门杆身为圆柱形，发动机工作时，气门杆身在气门导管中不断上下往复运动，而且润滑条件极为恶劣。因此，要求气门杆身与气门导管有一定的配合精度和耐磨性，气门杆身表面都经过热处理和磨光，气门杆身与头部之间的过渡应尽量圆滑，不但可以减小应力集中，还可以减少气流阻力。

气门杆的尾部用以固定气门弹簧座，其结构随弹簧座的固定方式不同而异。常见的是锥形锁片式，如图 3-2-4 所示。

锁片

图 3-2-4　气门杆尾部弹簧座固定方式

2. 气门座

气缸盖的进、排气道与气门锥面相贴合的部位称为气门座。其功用是与气门头部一起对气缸起密封作用，同时接收气门头部传来的热量，起到对气门散热的作用。

气门座主要有两种形式，一种是在气缸盖上直接镗削加工而成，这种形式散热效果好，但不耐磨、耐高温，不利于修理。另一种是用合金铸铁、奥氏体钢或粉末冶金单独制作成气门座圈，镶入气缸盖的气门座孔中，这种形式耐磨、耐高温、耐冲击，但导热性差，如图 3-2-5 所示。

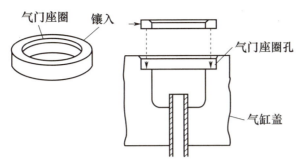

图 3-2-5　镶嵌式气门座圈

气门座或气门座圈的锥角与气门锥角相适应。在磨削气门时，一般应使气门锥角比气门座或气门座圈锥角小 0.5°~1° ，如图 3-2-6 所示。

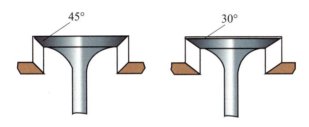

图 3-2-6　气门和气门座圈的锥角

3. 气门导管

气门导管的功用是对气门的运动导向，保证气门作直线往复运动,使气门与气门座或气门座圈能正确对中贴合。此外，还将气门杆收受的部分热量传给气缸盖。气门导管的工作温度较高，而且润滑条件较差，靠配气机构工作时飞溅起来的机油来润滑气门杆和气门导管孔。

气门导管由灰铸铁、球墨铸铁或铁基粉末冶金材料制造。用一定的过盈量将气门导管压入气缸盖上的气门导管座孔之后，再精铰气门导管孔，以保证气门导管与气门杆的正确配合间隙，如图 3-2-7 所示。

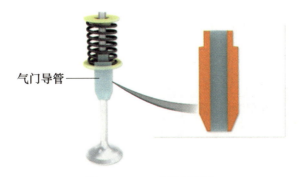

气门导管

图 3-2-7　气门导管

4.气门油封

气门油封一般由骨架和氟橡胶共同硫化而成。油封的径口部安装有自紧弹簧或钢丝，用于箍紧气门杆。气门油封可以防止发动机的机油经由气门进入进、排气管，或者进入燃烧室，减少机油的损耗量。气门油封在高温条件下工作，因此采用耐热性和耐油性优良的氟橡胶制作，如图 3-2-8 所示。

图 3-2-8　气门油封

5.气门弹簧

气门弹簧的功用是克服气门关闭过程中气门及传动件因惯性力而产生的间隙，保证气门及时落座并紧密贴合，同时防止气门在发动机振动时因跳动而破坏密封。

气门弹簧一般为等螺距圆柱形螺旋结构，其类型可分为双气门弹簧、不等距气门弹簧、锥形气门弹簧，如图 3-2-9 所示。

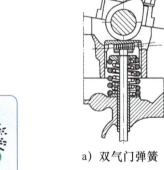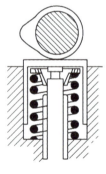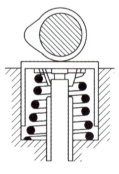

a）双气门弹簧　　　b）不等距气门弹簧　　　c）锥形气门弹簧

图 3-2-9　气门弹簧的分类

气门组拆装

二、气门组的拆装注意事项

以 2018 款别克威朗轿车为例：

1）拆卸气门弹簧时，需将进、排气门弹簧区分出来放置一侧，不得错乱。

2）拆卸气门时，需将气门按顺序排列或打上装配记号，不得错乱。

3）安装气门组各零件时，需对零件进行清洗、检验和必要润滑。

4）安装气门油封时，需将油封唇缘端面朝向气缸盖上方，切忌油封反向装配。

5）油封装入时，应用专用工具将油封推入，防止油封位置偏斜。

6）安装气门时，需将气门按原位装入气缸盖，不得装错。

7）安装气门弹簧时，需将进排气门弹簧按原位装入气缸盖，不得装错。

8）安装气门组各零件后，需用榔头敲击气门杆末端，以此检查气门是否安装到位。

⚠ **思考** 安装气门时，若没有将气门按原位装入气缸盖，会对发动机有影响吗？

三、气门组的检修

气门组的检修主要包括检查气门外观，测量气门杆磨损量，测量气门杆与气门导管的配合间隙，检查气门与气门座密封性以及检查气门弹簧外观和测量气门弹簧自由长度、垂直度和弹力等内容。

气门组检修

1. 气门外观的检查

目视检查气门外观有无裂纹、烧蚀以及有无严重锥面磨损、弯曲、变形等缺陷，如有则更换气门。

2. 气门杆磨损量的测量

气门杆磨损会使气门杆与导管孔的间隙增大，导致气门关闭不严而漏气，高温废气通过导管孔间隙，使气门及导管过热，加速气门杆的磨损，并可能使气门卡死。使用外径千分尺在气门杆上、中、下 3 个部位分别测量气门杆圆周 4 个点的磨损程度，如图 3-2-10 所示，将测量的尺寸与标准值比较，若超过规定范围，则更换气门。

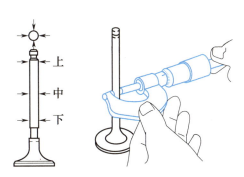

图 3-2-10 气门杆磨损量的测量

3.气门杆与气门导管配合间隙的测量

（1）百分表检查　将气缸盖倒置在工作台上，将气门顶升至高出座口约10mm左右，安装磁性百分表座，使百分表的触头触及气门头边缘，侧向推动气门头，同时观察百分表指针的摆动，其摆动量即为实测的近似间隙，如图3-2-11所示。将测量的间隙与标准间隙比较，若超过规定范围，则更换气门或气门导管。

图 3-2-11　气门杆与气门导管配合间隙的测量

（2）经验检查　将气门杆和气门导管擦净，在气门杆上涂一层薄机油，将气门放入气门导管中，上下拉动数次后，气门在重力作用下能徐徐下落，表示气门杆与气门导管的配合间隙适当。

4.气门与气门座密封性的检查

（1）画线法　用铅笔在气门密封环带上，沿圆周画出均布的若干条与母线平行的铅笔线。然后插入气门座内，按紧气门头并旋转1/4～1/2圈。取出气门，观察铅笔线被切断情况，如所画线均被切断，即为密封性良好，如图3-2-12所示。

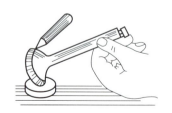

a）检查前在密封面画线　　　b）检查时看画线切断情况

图 3-2-12　用画线法进行密封性检查

（2）渗油法　将研磨好的气门洗净，并安装好，将气缸盖倒置，然后在气门顶面上倒入煤油，若在 5min 内没有渗漏，即为密封性良好。

（3）气压检查法　将气门和气门座洗净装好，罩上空气筒并压紧，捏动橡胶球，使气压表指针达到 58~68.5kPa，保持半分钟，若压力表指针不下降则为密封性良好。

5. 气门弹簧外观的检查

目视检查气门弹簧外观有无裂纹、锈蚀、腐蚀、损伤以及有无严重变形、折断、弹力变弱等缺陷，如有则更换气门弹簧。

6. 气门弹簧自由长度的测量

如图 3-2-13 所示，使用游标卡尺对气门弹簧进行自由长度测量，如测得长度小于规定范围，应更换气门弹簧。

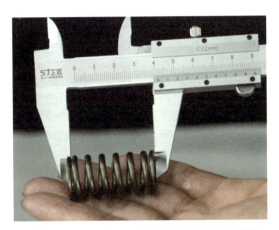

图 3-2-13　气门弹簧自由长度的测量

7. 气门弹簧弹力的测量

如图 3-2-14 所示，气门弹簧的弹力在弹簧检验仪上进行。用检验仪对气门弹簧施加压力，在规定压力下的气门弹簧高度（或规定气门弹簧高度下的压力）应符合标准，弹力小于规定范围 10% 时，应予以更换。无弹簧检验仪时，可用对比新旧弹簧的自由长度判断，自由长度差超过 2mm 时，应予以更换。

8. 气门弹簧垂直度的测量

如图 3-2-15 所示，使用直角尺对气门弹簧进行垂直度测量，如测得垂直度不在规定范围，应更换气门弹簧。

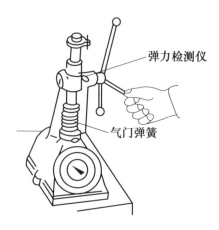

图 3-2-14　气门弹簧弹力的测量

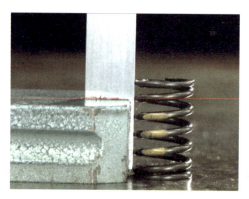

图 3-2-15　气门弹簧垂直度的测量

课程育人

金明是马勒三环气门驱动有限公司麻城分公司的一名有着 30 多年工龄的高级钳工技师。

他无比热爱自己的岗位和行业，30 多年来低头钻研、磨制机床主轴，完成了近 20 项夹具攻关革新项目，获得了一项项的荣誉。自 1998 年起的 10 余年时间里，他先后研制了气门杆端高频半自动淬火机、气门锥面磨削有心夹具 、气门棒料双端面砂带倒角机、双锥弹簧夹具专用磨削工装及检测工装等重要设备。其中在 2008 年研制的"气门棒料双端面砂带倒角机"满足了奥迪等高端气门的质量要求，替代了德国同类设备的进口，节约资金 270 多万元，这项技术也获得了国家实用型发明专利。在 2013 年，金明荣获全国五一劳动奖章。

如今，由马勒三环气门驱动有限公司麻城分公司生产的气门装到了宝马、本田、广汽等品牌汽车上，位于阿根廷的马勒三环气门驱动有限公司也使用了金明研制出来的新技术和新设备,这标志着金明研发的"麻城技术"走向了世界。

⚠️ **思考** 你认为金明的众多成就得益于他身上的哪些特质?

✏️ **巩固提升**

一、选择题

1. 气门杆身是气门运动的( )部分。

    A. 冲击   B. 导向

    C. 散热   D. 连接

2. 按形状不同分类,下列不属于气门头部分类的是( )。

    A. 平顶   B. 喇叭形顶

    C. 梯形顶   D. 球面顶

3. 下列不属于平顶气门特点的是( )。

    A. 结构简单   B. 制造方便

    C. 吸热面积较小   D. 排气阻力较小

4. 对比新旧弹簧的自由长度,当自由长度超过( )时,需要更换弹簧。

    A. 1mm   B. 2mm

    C. 3mm   D. 4mm

5. 进气门锥角一般为( )。

    A. 30°   B. 35°

    C. 40°   D. 45°

二、判断题

1. 气门由头部和杆身组成。   ( )

2. 气门导管由灰铸铁、球墨铸铁或铁基粉末冶金材料制造。   ( )

3. 气门油封一般由骨架和氟橡胶共同硫化而成。   ( )

4. 气门弹簧一般为等螺距圆柱形螺旋弹簧。   ( )

5. 进、排气门的头部形状既可以做成平顶形也可做成喇叭形。   ( )

任务三 气门传动组的结构认知与检查

情景导入

　　客户赵先生驾驶一辆2018款别克威朗轿车，高速行驶时发动机突然熄火，靠边停车后再次起动发动机，却发现无法正常起动。维修技师初步检查后发现正时链存在严重跳齿现象，为了确定具体故障原因，需对气门传动组做进一步检查。作为汽车维修技师，请仔细查看服务顾问提供的汽车问诊表，并针对故障进行后续处理。

接车问诊表

车牌号：黑A×××××　车架号：LSGBC×××××231355　行驶里程：112802（km）	
用户名：赵××　电话：150×××2112　来店时间：2022.9.1	
用户陈述及故障发生时的状况：高速行驶时，发动机突然熄火，靠边停车后再次起动发动机，发现无法正常起动	
接车员检测确认建议：检查气门传动组	
车间检测确认结果及主要故障零部件：	
车间检查确认者：	

外观确认：	功能确认：（工作正常√　不正常×）
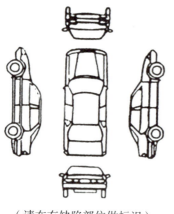（请在有缺陷部位做标识）	☑音响系统　☑门锁（防盗器）　☑全车灯光 ☑工具　☑后视镜　☑天窗　☑座椅 ☑点烟器　☑玻璃升降器　☑玻璃
	物品确认：（有√　无×）
	贵重物品提示 ☑工具　☑备胎 ☑灭火器　☑其他（　　　） 旧件是否交还用户 ☑是　□否 用户是否需要洗车 ☑是　□否

　　检测费说明：本次检测的故障如用户在本店维修，检测费包含在修理费用内；如用户不在本店维修，请您支付检测费。本次检测费：¥××××元。

　　贵重物品：在将车辆交给我店检查修理前，已提示将车内贵重物品自行收起并保存好，如有遗失恕不负责。

　　接车员：张××　用户确认：赵××

一、气门传动组的功用及组成

气门传动组的功用是使进、排气门按配气相位规定的时刻进行开闭，并保证有足够的开度。它主要由凸轮轴、挺柱、推杆、摇臂、摇臂轴和正时机构等组成。

1. 凸轮轴

（1）凸轮轴的功用及结构　凸轮轴的功用是驱动和控制发动机各缸气门的开启和关闭，使其符合发动机的工作顺序、配气相位及气门开度的变化规律等要求。

凸轮轴主要由凸轮和支撑轴颈等组成，凸轮分为进气凸轮和排气凸轮两种，用来驱动进气门和排气门。其中，支撑轴颈对凸轮轴起支撑作用。如图 3-3-1 所示为双顶置凸轮轴的结构，其上有进气凸轮、排气凸轮、支撑轴颈、进气凸轮轴位置传感器信号盘和排气凸轮轴位置传感器信号盘。

（2）凸轮轴的分类　凸轮轴按数目的不同可分为单顶置凸轮轴和双顶置凸轮轴两种。

单顶置凸轮轴是在气缸盖上用一根凸轮轴直接驱动进、排气门，其结构简单，适用于高速发动机，如图 3-3-2 所示。

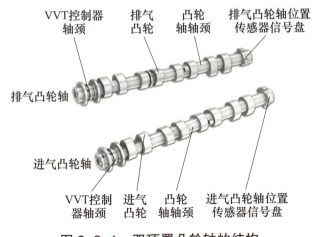

图 3-3-1　双顶置凸轮轴的结构

图 3-3-2　单顶置凸轮轴

双顶置凸轮轴在气缸盖上装有两根凸轮轴，一根用于驱动进气门，另一根用于驱动排气门，如图 3-3-3 所示。双顶置凸轮轴对凸轮轴和气门弹簧的设计要求不高，特别适用于气门 V 形配置的半球形燃烧室，也便于和四气门配气机构配合使用。

（3）凸轮轴的升程　相对于凸轮轴轴线来讲，凸轮顶尖上升到最高点与下行到最低点之间的距离称为凸轮轴升程，如图3-3-4所示。凸轮轴升程越大，意味着在进气行程中进入气缸的混合气就越多，发动机的功率就越大，在排气行程中排出的废气也会更彻底。有些发动机的进、排气凸轮轴升程和规格相同，进、排气凸轮轴可以互换使用。否则，进、排气凸轮轴不能互换。

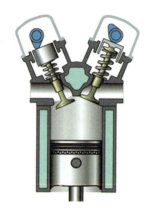

图3-3-3　双顶置凸轮轴

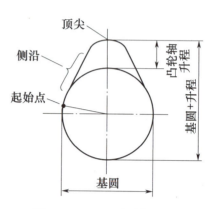

图3-3-4　凸轮轴的升程

（4）凸轮轴的润滑　凸轮轴在发动机工作时高速旋转，凸轮轴轴颈与轴承、凸轮与挺柱间的摩擦都需要良好的润滑。凸轮轴内部加工有机油油道，轴颈加工有机油油孔，润滑系统主油道的机油进入凸轮轴内部油道，从机油油孔处流出，从而对凸轮轴轴颈和凸轮轴轴承进行润滑，如图3-3-5所示。轴承间隙对凸轮轴轴承处的润滑效果影响很大，如果间隙过大，机油就会从轴承间隙中泄漏出来，造成轴颈处润滑不良。

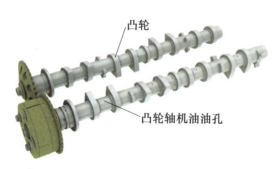

图3-3-5　凸轮轴的润滑

（5）凸轮轴的定位　为了防止凸轮轴的轴向窜动，凸轮轴必须有轴向定位装置，常见的轴向定位装置如图3-3-6所示。在凸轮轴第一轴颈端面与正时齿轮之间装有调节隔圈，调节隔圈外面套有止推凸缘，止推凸缘用螺钉固定在气缸体前端面上。因调节隔圈的厚度大于止推凸缘的厚度，故止推凸缘与正时齿轮的轮毂端面之间有一定的间隙。间隙的大小可通过改变调节隔圈的厚度来调整。当凸轮轴产生轴向移动时，止推凸缘便与凸轮轴轴颈端面或与正时齿轮轮毂接触，从而防止了轴向窜动。

（6）凸轮轴的传动 凸轮轴与曲轴之间的常见传动方式包括链传动式、正时带传动式以及齿轮传动式。

链传动常见于顶置凸轮轴与曲轴之间，但其工作可靠性和耐久性不如齿轮传动，链条一般为滚子链，工作时，应保持一定的张紧力，不使其产生振动和噪声，为此，在链传动机构中装有导链板并在链条松边装有张紧器，如图 3-3-7 所示。

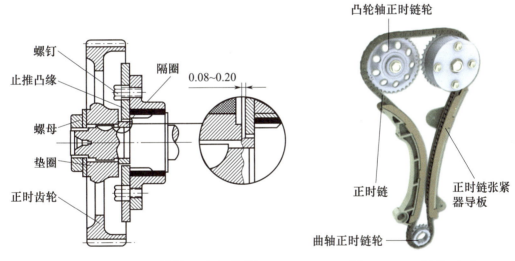

图 3-3-6 凸轮轴轴向定位装置　　图 3-3-7 链传动式

正时带传动式多用于上置式凸轮轴的传动，如图 3-3-8 所示。正时带式传动与齿轮和链传动相比，具有噪声小、重量轻、成本低、工作可靠和不需要润滑等优点。另外，正时带伸长量小，适合有精确正时要求的传动。为了确保传动可靠，正时带需保持一定张紧力，为此，在正时带传动机构中也设置张紧器。

下置、中置凸轮轴与曲轴之间的传动大多采用圆柱形正时齿轮传动，如图 3-3-9 所示。一般从曲轴到凸轮轴只需要一对齿轮传动，如果传动齿轮直径过大，可以再增加一个中间惰轮。为了啮合平稳并降低工作噪声，正时齿轮大多采用斜齿轮。

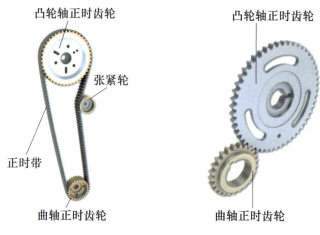

图 3-3-8　正时带传动式　　　图 3-3-9　齿轮传动式

2. 挺柱

挺柱的功用是将凸轮的推力传给推杆或气门。挺柱分为机械挺柱和液压挺柱。

（1）机械挺柱　机械挺柱主要有菌式、筒式、滚轮式等类型，如图 3-3-10 所示。其中，菌式机械挺柱主要用于气门侧置式配气机构；筒式机械挺柱主要用于气门顶置式配气机构；滚轮式机械挺柱主要用于大型柴油机。

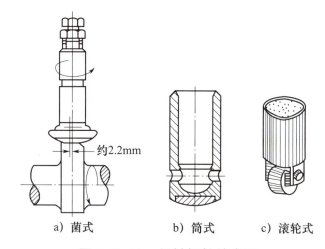

a）菌式　　　　b）筒式　　　c）滚轮式

图 3-3-10　机械挺柱的类型

（2）液压挺柱　液压挺柱的功用是消除配气机构的间隙，减小各零件的冲击载荷和噪声，提高发动机高速性能。当前汽车用汽油发动机一般均采用液压挺柱。

液压挺柱主要由挺柱体、柱塞、单向阀等组成，如图 3-3-11 所示。挺柱体是液压挺柱的基础，由低碳合金钢制造而成。挺柱体和柱塞上加工有油孔、当油孔对齐相通时，机油可以进入液压挺柱的低压油腔，这时缸盖主油道与液压挺柱的低压油腔形成通路。

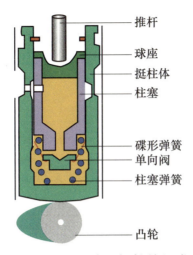

图 3-3-11　液压挺柱的组成

柱塞和单向阀的开闭可将挺柱分成两个油腔。单向阀开启，两油腔相通；单向阀关闭，两油腔分开，上部是低压腔，下部是高压腔。液压挺柱工作时，机油经油道、油孔进入挺柱内，低压腔和高压腔充满机油；热胀时，机油从高压腔的柱塞和挺柱体间隙泄出；冷缩时，低压腔机油经单向阀向高压腔补充。

3. 推杆

推杆处于挺柱和摇臂之间，其作用是将挺柱传来的运动和作用力传给摇臂。在凸轮轴下置式配气机构中，推杆是一个细长杆件，易弯曲，如图 3-3-12 所示，因此，推杆应有较好的纵向稳定性和较大刚度。推杆一般用冷拔无缝钢管制造，两端焊上球头和球座；也可用中碳钢制成实心挺杆，这时两端的球头或球座与挺杆锻成一个整体。

4. 摇臂与摇臂轴

摇臂可用锻钢、球墨铸铁或铝合金制造。摇臂的功用是将推杆和凸轮传来的力改变方向，作用到气门杆端以推开气门。摇臂是一个双臂杠杆，以摇臂轴为支点，两臂不等长。短臂端加工有螺纹孔，用来拧入气门间隙调整螺钉；长臂端加工成圆弧面，是推动气门的工作面，如图 3-3-13 所示。摇臂内还钻有机油油道和油孔。

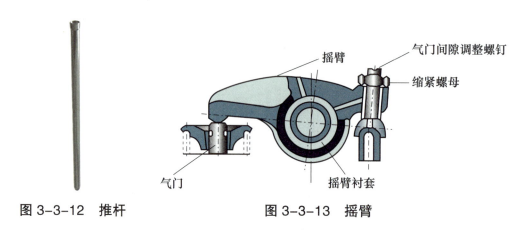

图 3-3-12　推杆　　　　　　　　　　图 3-3-13　摇臂

摇臂通过衬套空套在摇臂轴上，摇臂轴支撑在支座上。摇臂轴为空心管状结构，机油从支座的油道经摇臂轴内腔和摇臂中的油道流向摇臂两端进行润滑。为了防止摇臂窜动，在摇臂轴上每两摇臂之间都装有定位弹簧，如图 3-3-14 所示。

图 3-3-14　摇臂轴

⚠ **思考**　若摇臂与摇臂轴之间抱死，摇臂还能正常工作吗？

二、气门传动组的拆装注意事项

以 2018 款别克威朗轿车为例：

1）拆卸气门传动组前，需用棘轮扳手朝发动机旋转方向转动曲轴至 1 缸燃烧行程上止点位置，直到曲轴带轮上标记 1 与发动机前盖上标记 2 在一条线上，以便正确无误安装正时定位工具。

2）拆卸正时链后，切勿分别转动曲轴或凸轮轴。避免气门和活塞之间发生相互碰撞导致零件损坏。

3）拆卸凸轮轴轴承盖时，应由外向内依次拆卸固定螺栓。

4）安装凸轮轴轴承盖时，应由内向外依次安装固定螺栓。

5）安装正时链时，不可安装过松或过紧，防止过松跳齿，过紧断裂。

6）安装气门传动组后，需用棘轮扳手朝发动机旋转方向先转动曲轴至720°，再转动曲轴至1缸燃烧行程上止点位置，此时检查曲轴带轮上标记1与发动机前盖上标记2是否在一条线上，同时安装正时定位工具检查是否能够正确装入，即正时点是否准确。

三、气门传动组的检修

气门传动组的检修主要包括检查凸轮轴外观、检查正时链轮和正时链、检查液压挺柱、测量凸轮轴弯曲度、测量凸轮轴轴向间隙等内容。

1. 凸轮轴外观的检查

目视检查凸轮轴外观有无裂纹以及严重磨损、损伤、弯曲等缺陷。出现轻微损伤时，可用砂纸修磨，严重时，应予以更换。

2. 正时链轮和正时链的检查

（1）正时链轮的检查　正时链轮的检查方法如图3-3-15所示，将正时链分别包住凸轮轴正时链轮和曲轴正时链轮，使用游标卡尺测量其直径，将测量值与标准值比较，若超过规定范围，则更换正时链轮和正时链。

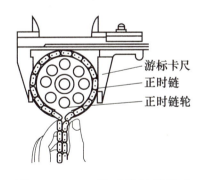

图3-3-15　正时链轮的检查

（2）正时链的检查　正时链的检查方法如图3-3-16所示，对正时链施加一定的拉力拉紧后测量其长度，将测量值与标准值比较，若超过规定范围，则更换正时链。

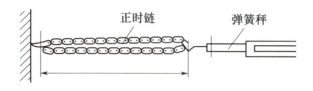

图 3-3-16　正时链的检查

3. 液压挺柱的检查

发动机修理时，如气门出现开启高度不足时，一般应更换挺柱。有条件时，应在液压试验台上检验液压挺柱的密封性，将规定的压力施加于液压挺柱上，检验液压挺柱的柱塞向下滑移规定的距离所需的时间，此时间过短表明挺柱内部泄漏，应更换。

4. 凸轮轴弯曲度的测量

凸轮轴的弯曲度是以凸轮轴中间轴颈对两端轴颈的径向圆跳动误差来衡量的。

1）检查方法如图 3-3-17 所示，将凸轮轴放置在 V 形架上，V 形架和百分表放置在平板上，使百分表触头与凸轮轴中间轴颈垂直接触。

凸轮轴拆装
与检查

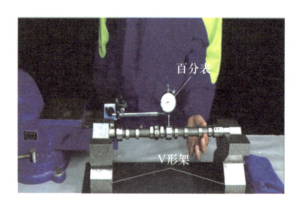

图 3-3-17　凸轮轴弯曲度的测量

2）转动凸轮轴，观察百分表表针的摆差即为凸轮轴的弯曲度。检查完毕后将检查结果与标准值比较，若超过规定范围，则更换凸轮轴。

5. 凸轮轴轴向间隙的测量

凸轮轴轴向间隙的测量方法如图 3-3-18 所示，装上第 1、5 两道凸轮轴轴承盖，将百分表触头顶在凸轮轴轴端，左右轻微撬动凸轮轴，查看其轴向间隙，并与标准值比较，若超过规定范围，则更换凸轮轴。

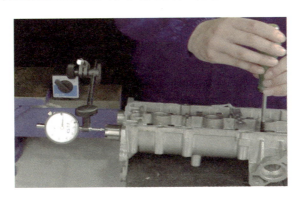

图 3-3-18 凸轮轴轴向间隙的测量

✎ 课程育人

提起"红旗"你会想到什么呢？无论你想到的是什么，不可否认，"红旗"二字都与新中国众多历史事件相关。红旗牌轿车在中国可谓是家喻户晓，这不仅是轿车品牌的名字，也是一份沉甸甸的荣誉，承载着新中国的汽车历史，更是一面屹立不倒的旗帜，引领着中国汽车的创新与发展。

20 世纪 50 年代，新中国刚刚成立，饱受苦难的国家和人民，正重拾信心和激情，投入到国家的建设中。同时，我们也急需走上世界舞台，向世人展现新中国的面貌。然而，那时候我国在国事活动和外宾接待时使用的高级轿车，都是使用大量的外汇资金从国外购买来的。在当时，只有美国和苏联才能生产出搭载 V8 发动机的高级轿车，而这也成为了当时中国汽车工业的制造目标。

当时的"一汽"人在没有图纸、没有现成零部件、无法拆开发动机总成的情况下，凭借智慧和手艺，经过无数个昼夜的艰苦奋斗和苦心钻研，画出了油路图和结构图，并最终浇铸出合格的发动机缸体。

1958 年 7 月 24 日，我国第一台国产的 V8 发动机制造成功。该发动机的活塞环、气阀、凸轮轴、活塞、轴瓦、曲轴、气缸、液压挺柱等一系列零件全部由一汽公司自主制造。

1959 年 10 月 1 日，在国庆庆典上，10 辆崭新的 CA72 红旗轿车伴随着五星红旗的飘扬惊艳亮相，国内外争相报道，引发国际瞩目。就此，中国汽车工业揭开序章，从此，红旗轿车也成为民族品牌，深入人心。

⚠ **思考** 现在面世的红旗汽车中，你喜欢哪一款？为什么呢？

📝 巩固提升

一、选择题

1. 下列不属于气门传动组组成的是（ 　　 ）。
   A. 凸轮轴　　　　　　　　　　　B. 挺柱
   C. 推杆　　　　　　　　　　　　D. 气门

2. 下列不属于凸轮轴与曲轴之间的传动方式的是（ 　　 ）。
   A. 链传动式　　　　　　　　　　B. 正时带传动式
   C. 连杆传动　　　　　　　　　　D. 齿轮传动式

3. 下列关于凸轮轴升程说法正确的是（ 　　 ）。
   A. 凸轮轴升程是指相对于凸轮轴轴线来讲，凸轮顶尖上升到最高点与下行到最低点之间的距离。
   B. 凸轮轴升程越大，进气行程中进入气缸的混合气就越少。
   C. 凸轮轴升程越小，排气行程中排出的废气会更彻底。
   D. 每一款发动机的进、排气凸轮轴升程，规格都相同，不能互换。

4. 下列关于摇臂与摇臂轴说法不正确的是（ 　　 ）。
   A. 摇臂是一个双臂杠杆，以摇臂轴为支点，两臂不等长。
   B. 摇臂内钻有机油油道和油孔。
   C. 摇臂直接套在摇臂轴上，摇臂轴则支撑在支座上。
   D. 为了防止摇臂窜动，在摇臂轴上每两摇臂之间都装有定位弹簧。

5. 凸轮轴的弯曲度是以凸轮轴中间轴颈对两端轴颈的（ 　　 ）来衡量的。
   A. 轴向圆跳动误差　　　　　　　B. 径向圆跳动误差
   C. 端面圆跳动误差　　　　　　　D. 斜向圆跳动误差

二、判断题

1. 凸轮分为进气凸轮和排气凸轮两种。　　　　　　　　　　　　（ 　　 ）
2. 凸轮轴按数目的不同可分为单顶置凸轮轴和双顶置凸轮轴两种。（ 　　 ）
3. 挺柱分为机械挺柱和液压挺柱。　　　　　　　　　　　　　　（ 　　 ）
4. 滚轮式机械挺柱主要用于小型柴油机。　　　　　　　　　　　（ 　　 ）
5. 推杆处于挺柱和摇臂之间。　　　　　　　　　　　　　　　　（ 　　 ）

发动机冷却系统的构造与维修

发动机冷却系统在汽车动力系统中扮演着重要的角色。冷却系统可以在发动机工作时对温度进行合理地调节与控制，使发动机各部件保持在正常的工作温度，从而获得理想的动力输出与良好的燃油经济性，如果没有冷却系统的帮助，发动机将无法正常工作。

冷却系统基本认知

📝 学习目标

知识目标

1. 能够描述冷却系统的功用。
2. 能够描述冷却系统各组成部件的功用。

技能目标

1. 能够识别发动机冷却系统各部件在实车上的安装位置。
2. 能够正确拆装水泵。
3. 能够正确检查节温器。

素质目标

1. 培养良好的职业道德和工匠精神。
2. 培养安全意识和团队协作精神。
3. 培养自我管理和自主学习能力。

任务一 冷却系统基本认知

📝 情景导入

　　客户赵先生驾驶一辆 2018 款别克威朗轿车，高速行驶时，发现仪表上的冷却液温度警告灯突然点亮。维修技师初步检查后发现冷却系统出现故障。为了确定具体故障原因，需对冷却系统做进一步检查。作为汽车维修技师，请仔细查看服务顾问提供的汽车问诊表，并针对故障进行后续处理。

接车问诊表

车牌号：黑 A×××× 　车架号：LSGBC×××××242755 　行驶里程：147000（km）
用户名：赵×× 　电话：150×××2112 　来店时间：2022.9.1
用户陈述及故障发生时的状况：高速行驶时，发现仪表上的冷却液温度警告灯突然点亮
接车员检测确认建议：检查冷却系统
车间检测确认结果及主要故障零部件：
车间检查确认者：

外观确认： 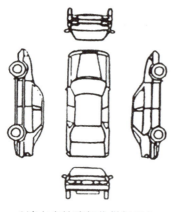 （请在有缺陷部位做标识）	功能确认：（工作正常√　不正常×） ☑音响系统　☑门锁（防盗器）　☑全车灯光 ☑工具　☑后视镜　☑天窗　☑座椅 ☑点烟器　☑玻璃升降器　☑玻璃 物品确认：（有√　无×） 　贵重物品提示 ☑工具　☑备胎 ☑灭火器　☑其他（　　　） 旧件是否交还用户 ☑是　□否 用户是否需要洗车 ☑是　□否

　　检测费说明：本次检测的故障如用户在本店维修，检测费包含在修理费用内；如用户不在本店维修，请您支付检测费。本次检测费：¥××××元。

　　贵重物品：在将车辆交给我店检查修理前，已提示将车内贵重物品自行收起并保存好，如有遗失恕不负责。

　　接车员：张×× 　用户确认：赵××

一、冷却系统的功用

汽车发动机冷却系统的功用是使发动机在所有工况下都保持在最适当的温度范围内，如图 4-1-1 所示。

图 4-1-1　冷却系统的功用

冷却系统既要防止发动机过热，也要防止发动机过冷，通常气缸盖冷却液温度在 80~90℃为宜。

若发动机冷却不足，会使发动机过热，从而造成充气效率下降，发生早燃和爆燃的倾向加大，致使发动机功率下降。过热还会使发动机运动零件间的间隙变小，导致零件不能正常运动，甚至卡死、损坏，或使零件因强度下降而导致变形和损坏；同时，过热还会使机油黏度减小，机油油膜易破裂而使零件磨损加剧。

若发动机冷却过度，会使发动机过冷，导致进入气缸的混合气或空气温度低而难以点燃混合气，造成发动机功率下降、油耗上升；还会使机油黏度增大，造成润滑不良而加剧零件磨损。此外，因温度低而未气化的燃油会冲刷气缸、活塞等摩擦表面上的油膜，同时因混合气与温度较低的气缸壁接触，使其中原已气化的燃油又重新凝结而流入曲轴箱内，不仅增加了油耗，而且使机油变稀而影响润滑，从而导致发动机功率下降、磨损加剧。

二、冷却系统的类型

按照冷却介质不同，冷却系统可以分为风冷却和水冷却两种方式。

（1）风冷却方式　风冷却方式如图 4-1-2 所示，它是以空气作为冷却介质，通过装在气缸体和气缸盖表面的散热片将热量直接散入大气中而进行冷却的一系列装置。为了加强冷却效果，并使各缸冷却均匀，有些发动机的风冷却系统设有轴流式风扇、导流罩和分流板，以加大流经机体表面的空气流量。与水冷却方式相比，风冷却方式的冷却强度不容易调节和控制。因此，风冷却方式只在某些小型汽油机上采用。

图 4-1-2　风冷却方式

（2）水冷却方式　水冷却方式如图 4-1-3 所示，它是将大部分热能通过热传导方式从炽热的发动机零件传给温度较低的冷却液，再将这些吸收了热量的冷却液送至散热器，通过散热器将热量散发到大气中。水冷系统冷却可靠，冷却强度调节方便，在发动机正常工作时，水冷却方式能使发动机的工作温度维持在正常范围内。

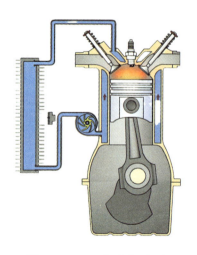

图 4-1-3　水冷却方式

三、冷却系统的组成

汽车发动机上多采用水冷却系统，水冷却系统以冷却液为冷却介质，其结构如图4-1-4所示，主要由散热器、水泵、节温器、冷却风扇、膨胀水箱、发动机机体和气缸盖中的水套以及其他附属装置等组成。

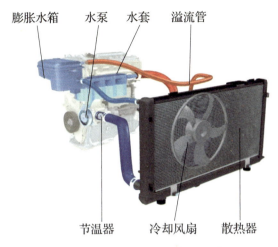

膨胀水箱　水泵　水套　溢流管

节温器　　冷却风扇　散热器

图 4-1-4　冷却系统的组成

⚠ **思考**　水冷却系统可以直接加入饮用水作为冷却介质吗？

四、冷却系统的工作原理

汽车发动机冷却系统为强制循环水冷系统，冷却液在水泵中增压后，经分水管进入发动机的机体水套中。冷却液从气缸体水套壁周围流过并从水套壁吸热而升温，然后向上流入气缸盖水套，从气缸盖水套壁吸热之后经节温器及散热器进水软管流入散热器，在散热器中冷却液向流过散热器的空气散热而降温，最后冷却液经散热器出水软管返回水泵，如此循环不止。冷却液的循环路径受节温器的控制，根据发动机工作温度由低到高的变化，冷却液的循环路径分为小循环、混合循环、大循环。

1.小循环

冷却液温度较低时，节温器主阀门关闭、旁通阀打开，气缸盖中的冷却液从旁通阀、旁通管路流入水泵进水口，经水泵加压后流回气缸体水套，如图4-1-5所示。此时冷却液不经过散热器，只在气缸盖水套和气缸体水套之间进行小循环。在冷却液小循环过程中，冷却强度较低，可使发动机冷却液温度迅速上升，保证发动机各个部件迅速升温，达到其正常工作温度。

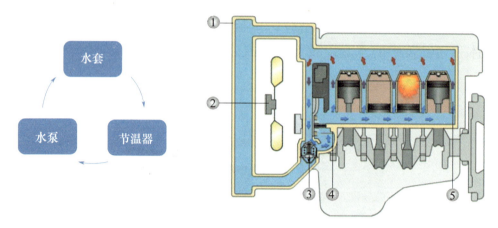

图 4-1-5　小循环路径

2. 混合循环

节温器的主阀门和旁通阀均处于部分开启状态，冷却液的小循环和大循环同时存在，此时冷却液的循环称为混合循环，如图 4-1-6 所示。在发动机实际工作中，冷却液处于混合循环的时间不会很长。

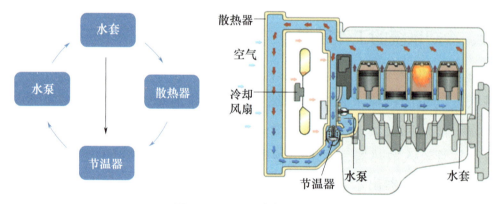

图 4-1-6　混合循环路径

3. 大循环

当冷却液温度升高到一定值时，节温器主阀门全开，旁通阀关闭，气缸盖水套中的冷却液经散热器上水管全部流向散热器，其温度快速下降，然后从散热器下水管进入水泵进水口，经水泵加压后回到气缸体水套，进行冷却循环，如图 4-1-7 所示。由于冷却液流动线路长，冷却强度大，故称为大循环。

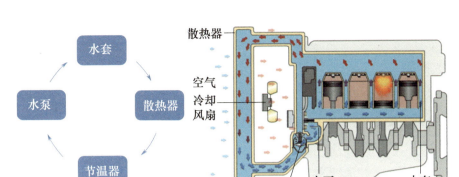

图4-1-7 大循环路径

📝 课程育人

　　水是最常见的物质之一，是包括人类在内所有生命生存的重要资源，也是生物体最重要的组成部分。水在生命演化中起到了重要的作用。伴随着工业化、现代化的发展，水也在制造、加工、冷却、净化、空调、洗涤等方面发挥着重要的作用，被誉为工业的血液。

　　炎炎夏日，高温天气频发，我们经常会看到很多汽车因为散热器"开锅"而被抛锚在半路上。特别是公交车，在炎热的天气总会抛锚，一般这个时候，你都会看到驾驶员急匆匆找来一桶水，灌入车头部分，这样的情景时至今日还偶有见到。之所以出现这样的问题，实际上就是因为发动机过热造成的。因此，发动机冷却系统的存在就尤为必要。

　　冷却液是发动机水冷却系统的工作介质，其主要成分中就有水，这也就解释了为什么驾驶员会采用灌水的方式为"中暑"的公交车展开"急救"了。但是，通过加水来冷却不能当作日常冷却措施。因为即使是纯净水，其中都会含有一部分钙质，这种钙质的存在，会使发动机在高温时形成一定的水垢，不仅会影响发动机的散热效果，严重时还会堵塞冷却系统中比较细小的水管，从而影响冷却系统的循环效果。

　　为了杜绝水垢的产生，冷却液中一般都会有一些添加剂。这些添加剂中含有碱性成分，能够有效抑制水垢、锈迹和酸性物质的生成。除此之外，定期清洗和保养散热器，特别是在换季的时候尤其重要。只有通过定期的检查和维护，为汽车做好"体检"，才能防患于未然，有效延长汽车的使用寿命。

　　⚠️ **思考**　水被称作是"生命之源"，所以水对人体是有绝对益处的，你赞同这个说法吗？为什么？

📝 巩固提升

一、选择题

1. 冷却发动机的方式有（   ）。

   A. 1 种   B. 2 种

   C. 3 种   D. 4 种

2. 发动机冷却液进行小循环时，不流经（   ）。

   A. 水泵   B. 散热器

   C. 气缸盖水套   D. 分水管

3. 风冷却方式发动机适用于（   ）。

   A. 小型汽油机   B. 小型柴油机

   C. 大型汽油机   D. 大型柴油机

4. 下列选项中，控制冷却系统的大小循环路线的是（   ）。

   A. 冷却液温度   B. 发动机机油温度

   C. 散热器后面的气流温度   D. 节温器

5. 下列选项中，属于水冷却系统冷却介质的是（   ）。

   A. 自来水   B. 冷却液

   C. 甲醇   D. 乙二醇

二、判断题

1. 冷却系统是使发动机在所有工况下都保持在适当的温度范围。 （   ）

2. 发动机冷却系统有水冷和风冷之分，现代汽车发动机多采用风冷。

                                                  （   ）

3. 冷却液进行大循环的时候，节温器主阀门开启，旁通阀关闭。 （   ）

4. 冷却液的循环路线是由节温器和散热器共同控制的。   （   ）

5. 根据发动机工作温度由高到低的变化，冷却液的循环路径分为：小循环、混合循环、大循环。   （   ）

任务二 冷却系统主要部件的构造与检查

📝 情景导入

客户赵先生驾驶一辆 2018 款别克威朗轿车，高速行驶时，仪表上突然出现发动机冷却液温度过高报警。维修技师初步检查后发现水泵出现故障。为了确定具体故障原因，需对水泵做进一步检查。作为汽车维修技师，请仔细查看服务顾问提供的汽车问诊表，并针对故障进行后续处理。

接车问诊表

车牌号：黑 A×××× 车架号：LSGBC×××××242755 行驶里程：147000（km）
用户名：赵×× 电话：150×××2112 来店时间：2022.9.1
用户陈述及故障发生时的状况：高速行驶时，仪表上突然出现发动机冷却液温度过高报警
接车员检测确认建议：检查水泵
车间检测确认结果及主要故障零部件：
车间检查确认者：

外观确认：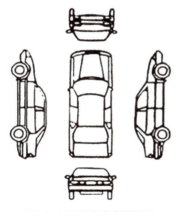 （请在有缺陷部位做标识）	功能确认：（工作正常√ 不正常×） ☑音响系统 ☑门锁（防盗器） ☑全车灯光 ☑工具 ☑后视镜 ☑天窗 ☑座椅 ☑点烟器 ☑玻璃升降器 ☑玻璃 物品确认：（有√ 无×） 贵重物品提示 ☑工具 ☑备胎 ☑灭火器 ☑其他（　） 旧件是否交还用户 ☑是 □否 用户是否需要洗车 ☑是 □否

检测费说明：本次检测的故障如用户在本店维修，检测费包含在修理费用内；如用户不在本店维修，请您支付检测费。本次检测费：¥××××元。

贵重物品：在将车辆交给我店检查修理前，已提示将车内贵重物品自行收起并保存好，如有遗失恕不负责。

接车员：张×× 用户确认：赵××

一、散热器

1. 散热器的作用

散热器的作用是储存冷却液，增大受热面积，加速冷却液的冷却。冷却液经过散热器后，其温度可降低 10~15℃。

2. 散热器的结构

散热器（图 4-2-1）由上水室、下水室、散热器芯等组成。散热器上水室顶部有加水口，冷却液由此注入整个冷却系并用散热器盖盖住。在上水室和下水室分别装有进水管和出水管，进水管和出水管分别用橡胶软管和气缸盖的出水管和水泵的进水管相连，这样，不仅可以便于安装，而且当发动机和散热器之间产生少量位移时也不会漏水。在散热器下面一般装有减振垫，防止散热器受振动损坏。在散热器下水室的出水管上还有放水开关，必要时可将散热器内的冷却液放掉。

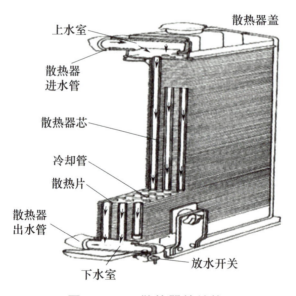

图 4-2-1　散热器的结构

3. 散热器的类型

散热器芯由许多冷却管和散热片组成。对于散热器芯来说，应该有尽量大的散热面积，采用散热片的目的是增加散热器芯的散热面积。常见的散热器芯的结构有三种：管片式、管带式和板式。

管片式散热器芯（图4-2-2）由散热管和散热片组成。散热管是焊在进、出水室之间的直管，作为冷却液的通道。散热管有扁管以及圆管两种类型。扁管与圆管相比，在容积相同的情况下有较大的散热表面。铝散热器芯多为圆管，在散热管的外表面焊有散热片以增加散热面积，增强散热能力，同时还增大了散热器的刚度和强度。管片式散热器的优点是散热面积大、气流阻力小、结构刚度好及承压能力强等。

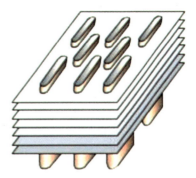

图 4-2-2 管片式散热器芯

管带式散热器芯（图4-2-3）由散热管及波形散热带组成。散热管为扁管并与波形散热带相间地焊在一起。为增强散热能力，在波形散热带上加工有鳍片。与管片式散热器芯相比，管带式的散热能力强，制造简单，质量轻，成本低，但结构刚度差。

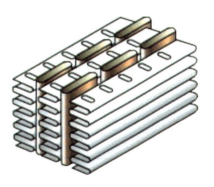

图 4-2-3 管带式散热器芯

板式散热器芯（图4-2-4）的冷却液通道由成对的金属薄板焊合而成。这种散热器芯散热效果好，制造简单，但焊缝多，不坚固，容易沉积水垢且不易维修。

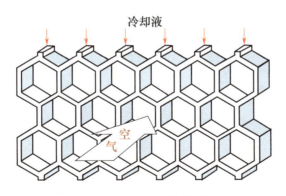

冷却液

空气

图 4-2-4 板式散热器芯

4. 散热器的工作原理

散热器通过加大冷却液与空气的接触面积，利用空气流动降低冷却液热量，达到散热效果。冷却液在散热器芯内流动，空气从散热器芯外通过，见图4-2-5。热的冷却液由于向空气散热而变冷，冷空气则因为吸收冷却液散出的热量而升温，所以散热器是一个热交换器。

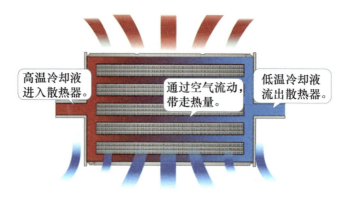

图 4-2-5 散热器的工作原理

二、膨胀水箱

1. 膨胀水箱的功用

目前，大多数发动机都采用防冻液作为冷却液。防冻液冰点很低，可避免冬季使用时因结冰而导致散热器、缸体和缸盖被胀裂的现象；防冻液的沸点比水要高，以利于发动机的正常工作。为防止防冻液损失，在冷却系统设置了膨胀水箱，对散热器内的防冻液起到自动补偿的作用。

膨胀水箱有溢流和补偿的作用，见图 4-2-6。"溢流"即当冷却液受热膨胀时，部分冷却液通过溢流管从散热器中流入膨胀水箱；"补偿"即当冷却液降温后，散热器内冷却液体积变小，膨胀水箱内冷却液经补偿管被吸回散热器。

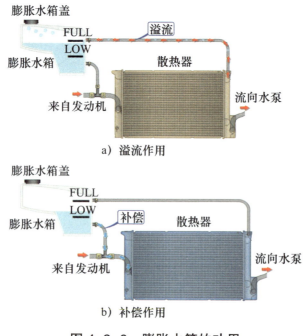

图 4-2-6 膨胀水箱的功用

2.膨胀水箱的结构

膨胀水箱设置于散热器一侧，通过橡胶水管与散热器加水口处的出气口相连。它主要由膨胀水箱盖、溢流管接口、补偿管接口、壳体等组成，如图 4-2-7 所示。在膨胀水箱的外表面上刻有两条标记线："低"线和"高"线，膨胀水箱内冷却液面应位于两条标记线之间。

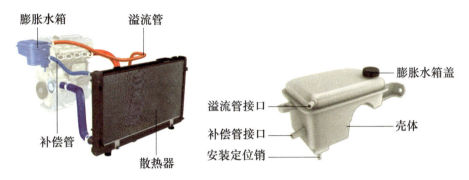

图 4-2-7　膨胀水箱的安装位置及结构

⚠ **思考**　添加冷却液时，当冷却液面高于膨胀水箱最高刻度时会产生什么后果？

3.膨胀水箱的工作原理

当冷却液受热膨胀时，多余的防冻液通过橡胶水管进入膨胀水箱；而当温度降低、散热器内产生真空时，膨胀水箱内的防冻液及时返回散热器。膨胀水箱上有两条刻线标记，"MAX"（高）和"MIN"（低），在冷却液温度为 50℃时，膨胀水箱内的液面高度不得低于"MIN"刻线标记；当为室温时，膨胀水箱内的液面高度不应超过"MAX"刻线标记。

三、风扇

1.风扇的功用

风扇的作用是提高通过散热器芯的空气流速，增加散热效果，加速冷却液的冷却。当风扇旋转时，对空气产生抽吸作用，空气流由前向后通过散热器芯，使流经散热器芯的冷却液加速冷却。

2.风扇的类型

1）按结构型式不同，车用发动机风扇分为轴流式和离心式两种类型。

轴流式风扇所产生的风，其流向与风扇轴平行；离心式风扇所产生的风，其流向为径向。轴流式风扇效率高、风量大、结构简单、布置方便，因而在车用发动机上得到了广泛的应用。

2）按驱动方式不同，车用发动机风扇分为普通风扇和电动风扇两种类型，如图 4-2-8 所示。

一般情况下，普通风扇和发电机一起通过 V 带由曲轴带轮驱动，通过调整发电机支架来调整 V 带的松紧度；电动风扇不再与水泵同轴，而是直接由电动机驱动，通过受冷却液温度控制的温控开关控制风扇的转动，不受发动机转速的影响。这样，既能保证发动机在汽车低速时的冷却，又可减少发动机功率的消耗。目前，大多数轿车发动机广泛采用电动风扇。

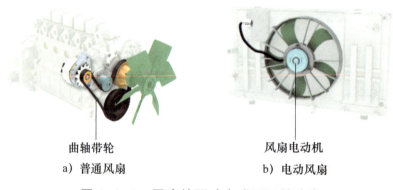

曲轴带轮   风扇电动机

a）普通风扇   b）电动风扇

图 4-2-8   风扇按驱动方式不同的分类

3. 电动风扇的结构

电动风扇通常安装在散热器后方，它由电动机、风扇叶片、导风罩等组成，如图 4-2-9 所示。风扇的扇风量主要与风扇直径、转速、叶片形状、叶片安装角度和叶片数有关。

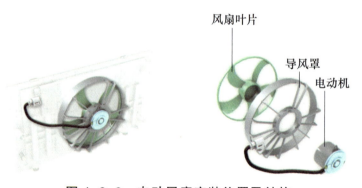

风扇叶片

导风罩

电动机

图 4-2-9   电动风扇安装位置及结构

4. 电动风扇的工作原理

电动风扇由风扇电动机驱动并由蓄电池供电，所以风扇转速与发动机转速无关。在有些电控系统中，电动风扇由电脑控制，冷却液温度传感器向发动机控制单元（ECU）传输与冷却液温度相关的信号，当冷却液温度达到规定值时，ECU 使风扇继电器搭铁，继电器触点闭合并向风扇电动机供电，风扇进入工作，如图 4-2-10 所示。

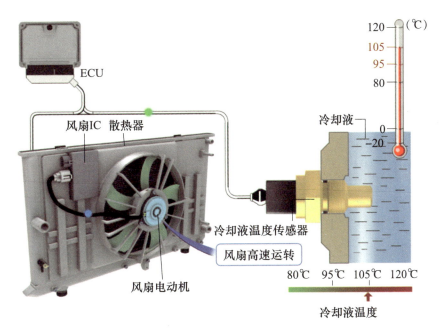

图 4-2-10　电动风扇的工作原理

四、水泵

1. 水泵的功用

水泵的功用是对冷却液加压，加速冷却液的循环流动，保证冷却可靠。车用发动机上多采用离心式水泵。离心式水泵具有结构简单、尺寸小、排水量大和维修方便等优点。

⚠ **思考**　汽车行驶时，若水泵出现故障，汽车发动机还会进行冷却吗？

2. 水泵的结构

水泵主要由水泵壳体、泵盖、叶轮、水泵轴、球轴承和密封组件等组成，结构如图 4-2-11 所示。叶轮一般是径向或向后弯曲的，其数目一般为 6~9 片。

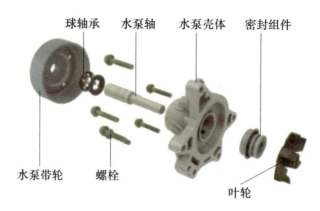

图 4-2-11　水泵的结构

3. 水泵的工作原理

发动机工作时，冷却系统内充满冷却液，当水泵叶轮旋转时，水泵中的冷却液被叶轮带动一起旋转，并在离心力的作用下被甩向水泵壳体的边缘，同时产生一定的压力，然后从出水管流出。在叶轮的中心处，由于冷却液被甩出而压力下降，散热器中的冷却液在水泵进口与叶轮中心的压差作用下经进水管流入叶轮中心，如图 4-2-12 所示。水泵一般由曲轴通过 V 带驱动。传动带环绕在曲轴带轮和水泵带轮之间，因此水泵转速与发动机转速成比例。

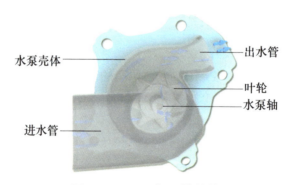

图 4-2-12　水泵的结构

五、节温器

1. 节温器的功用

节温器可以根据冷却液温度的高低自动调节进入散热器的水量，改变冷却液的循环范围，以调节冷却系的散热能力，保证发动机在合适的温度范围内工作。节温器必须保持良好的技术状态，否则会严重影响发动机的正常工作。如节温器主阀门开启过迟，就会引起发动机过热；主阀门开启过早，则使发动机预热时间延长，使发动机温度过低。

2. 节温器的结构

目前汽车发动机使用的节温器大多数是蜡式节温器，如图 4-2-13 所示，它主要由主阀门、副阀门、推杆、节温器壳体和石蜡等组成。推杆的一端固定在支架上，另一端插入胶管的中心孔内。石蜡装在胶管与节温器壳体之间的腔体内。

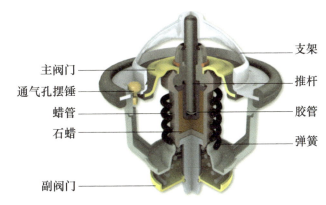

主阀门
通气孔摆锤
蜡管
石蜡
副阀门
支架
推杆
胶管
弹簧

图 4-2-13　蜡式节温器的结构

3. 节温器的工作原理

当冷却液温度低于 84℃时，石蜡为固体，在弹簧的作用下，节温器外壳处于最上端位置，此时主阀门关闭，副阀门打开，来自发动机缸盖出水口的冷却液从副阀门进入小循环软管，经水泵又流回水套中，如图 4-2-14 所示。

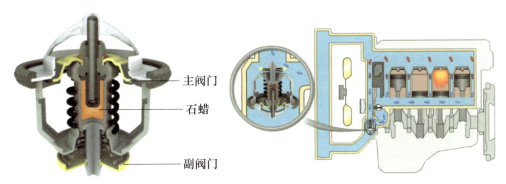

主阀门
石蜡
副阀门

图 4-2-14　蜡式节温器小循环状态

当发动机冷却液温度达到 84~95℃时，石蜡逐渐变成液态，体积膨胀而产生推力。由于节温器外壳为刚性件，石蜡迫使胶管收缩而对推杆锥状端头产生推力。因推杆固定于支架不能移动，其反推力迫使胶管、节温器外壳下移。这时，主阀门开始打开，有部分冷却液经主阀门进入散热器散热，冷却液进行混合循环，如图 4-2-15 所示。

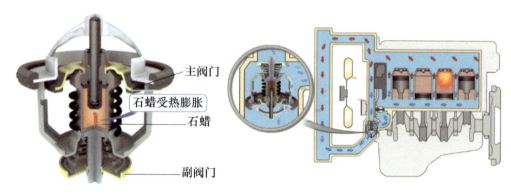

图 4-2-15　蜡式节温器混合循环状态

当发动机冷却液温超过 95℃时，主阀门全开，副阀门全关，从缸盖出水口流出的冷却液全部经主阀门进入散热器散热。此时，冷却液流动路线长、流量大，冷却强度增大，称为大循环，如图 4-2-16 所示。

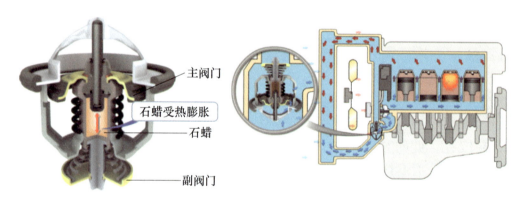

图 4-2-16　蜡式节温器大循环状态

六、水泵拆装的注意事项

1）拆卸水泵前，需要关闭汽车发动机，并待其完全冷却下来，避免造成烫伤事故。

2）水泵衬垫拆下后，若气缸体上存在旧水泵衬垫的残留物，应使用铲刀将接合面清理干净。

3）水泵拆下后，需对泵轴进行清理，必要时可用砂纸轻轻打磨，使用干净的抹布清洁泵轴及静环槽，注意一定不能有残留的杂物。

4）安装水泵时，需更换新的水泵衬垫。

七、水泵的检修

1. 水泵的拆卸

1）举升车辆至合适高度，拆下右侧前舱防溅罩并拆下右侧前轮罩衬板。

2）使用工具朝逆时针方向张紧传动带张紧器并保持张力。

3）拆下发动机外围传动带，缓慢释放传动带张紧器的张力。

水泵和节温器
拆装

4）拧开冷却液储液罐盖，拆下前保险杠蒙皮，拆下散热器上的排放螺塞，排空冷却系统。

5）排放冷却系统后，拧紧散热器上的排放螺塞，安装前保险杠蒙皮加长件。

6）拆下催化转化器隔热罩。

7）拆下散热器出口软管卡箍，拆下节温器旁通管螺栓，拆下节温器旁通管，如图 4-2-17 所示。

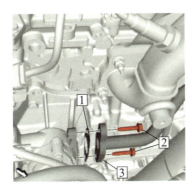

图 4-2-17　拆下节温器旁通管

8）断开前氧传感器电气插接器，如图 4-2-18 所示，拆下发动机控制模块和发动机线束托架螺栓。

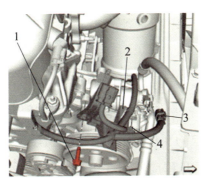

图 4-2-18　断开前氧传感器电气插接器

9）松开发动机控制模块和发动机线束托架卡夹，拆下发动机控制模块和发动机线束托架。

10）拆下水泵螺栓。

11）拆下3个螺栓固定件。

12）拆下水泵。

2. 水泵的检查

1）检查泵体及带轮有无磨损及损伤，必要时应更换。

2）检查水泵轴有无弯曲、轴颈磨损程度、轴端螺纹有无损坏。

3）检查叶轮上的叶片有无破碎，轴孔磨损是否严重。检查水泵叶轮与泵壳间隙，一般应为0.8~2.2mm，否则应更换叶轮。叶片磨损，应焊修或更换。

4）检查水封和胶木垫圈的磨损程度，如超过使用限度应更换新件。

5）检查轴承的磨损情况，可用百分表测量轴承的间隙，如超过0.10mm，则应更换新的轴承。

3. 水泵的安装

按拆卸的相反顺序进行装复。应注意更换水封及所有衬垫和密封圈；保证叶轮与泵壳的轴向间隙、叶轮与壳体径向密封处的间隙，满足轴承的润滑条件。水泵修理装配好后，用手转动一下，泵轴应无卡滞，叶轮与泵壳应无碰擦。

⚠ **思考**　如果在安装水泵时未更换密封圈会产生什么样的后果？

八、节温器的检修

汽车每行驶50000km时应对节温器进行检查。方法如下：

1）检查节温器的阀门、弹簧是否有变形、失效和污物等，如有，应清理或更换。

2）将节温器置于盛水容器内，逐渐加热，观察节温器开始开启和全开时的温度，加热水温至80℃左右时，节温器阀应开始开启，水温上升至100℃左右，节温器阀应全开，如图4-2-19所示。若开启温度不符合规定，则应更换节温器。一般情况下，阀门全开升程应在8.5mm左右，低于7mm也应更换新件。

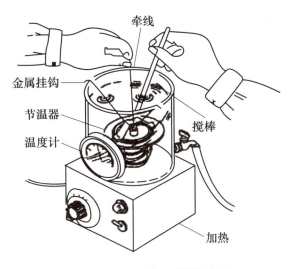

图 4-2-19　节温器的检查

课程育人

创建于 1984 年的易红实业，是一家成长于 20 世纪下半叶的汽车水泵专业生产厂家。它是浙江玉环汽摩配行业中最早一批创业的民营企业，也是第一批走出国门，受到国际认可的汽车水泵生产商。

易红实业成为了中国汽车水泵生产领先民族品牌，能够取得今天的成就是其始终紧抓时代脉搏，勇攀技术高峰的结果。企业始终将创新看作第一生命线，多年以来始终致力于工艺改良和提升，在研发领域投入的费用就占全部销售额比重的 3%。

在创新研发的同时，企业不忘倾听市场的声音，与高校进行深度产学研结合，逐步、快速、稳定地迈向智能化时代。如今的易红实业，生产车间已经实现全智能化生产，智能制造化程度达到了 80%。

⚠ **思考**　易红实业的成功是否是偶然？你认为其成功的关键是什么？

巩固提升

一、选择题

1. 节温器中使阀门开闭的部件是（　　　）。

A. 阀座　　　　　　　　　B. 石蜡感应体

C. 支架　　　　　　　　　D. 弹簧

2. 水泵对冷却液采取（　　　　）措施使冷却液在冷却系统中强制循环流动。

    A. 加压　　　　　　　　　　B. 减压

    C. 增速　　　　　　　　　　D. 减速

3. 在冷却系中设置膨胀水箱，其目的是为了（　　　　）。

    A. 降低冷却液损耗

    B. 提高冷却液沸点

    C. 防止冷却液温度过高，蒸汽喷出伤人

    D. 加强散热

4. 发动机工作时，冷却系统内充满冷却液，曲轴通过带传动驱动水泵轴并带动（　　　　）转动。

    A. 叶轮　　　　　　　　　　B. 风扇

    C. 壳体　　　　　　　　　　D. 水封

5. 发动机冷却液进行小循环时，不流经（　　　　）。

    A. 水泵　　　　　　　　　　B. 散热器

    C. 气缸盖水套　　　　　　　D. 分水管

二、判断题

1. 水泵的作用是对冷却液减压，使冷却液在冷却系统中强制循环流动。

    （　　　）

2. 水泵一般由曲轴通过 V 带驱动。　　　　　　　　　　　（　　　）

3. 冷却液进行大循环的时候，节温器主阀门开启，旁通阀关闭。（　　　）

4. 水泵衬垫拆下后还可以继续使用。　　　　　　　　　　　（　　　）

5. 节温器是控制冷却液流动路径的阀门。它根据冷却液温度的高低，打开或关闭冷却液通向散热器的通道。　　　　　　　　　　　（　　　）

发动机润滑系统的构造与维修

发动机润滑系统的功用是给发动机的摩擦表面提供清洁、充分的机油，同时冷却零件表面，带走表面杂质，减少发动机各零部件间的摩擦阻力，从而减少磨损，提高发动机的可靠性和使用寿命。

发动机润滑系统主要由机油泵、油底壳、机油滤清器、机油油道、机油散热器、机油标尺、机油压力开关、机油压力警告灯及各种阀等组成。

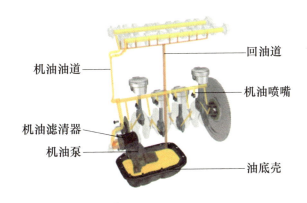

润滑系统基本认知

✎ 学习目标

知识目标

1. 能够描述润滑系统的功用及组成。
2. 能够描述润滑系统的工作原理。
3. 能够描述润滑系统主要部件的构造与检查方法。

技能目标

1. 能够完成机油滤清器的检查与更换。
2. 能够完成机油泵的拆装与检查。

素质目标

1. 培养良好的职业道德和工匠精神。
2. 培养安全意识和团队协作精神。
3. 培养自我管理和自主学习能力。

任务一 润滑系统基本认知

情景导入

　　客户赵先生驾驶一辆 2018 款别克威朗轿车，早晨起动车辆后，发动机舱发出刺耳的响声，随后发动机熄火，再次起动发动机，发动机无法起动。维修技师初步检查后发现凸轮轴存在明显抱死现象。为了确定具体故障原因，需对润滑系统做进一步检查。作为汽车维修技师，请仔细查看服务顾问提供的汽车问诊表，并针对故障进行后续处理。

接车问诊表

车牌号：黑 A×××× 　车架号：LSGBC×××××242755 　行驶里程：154582（km）
用户名：赵×× 电话：150×××2112 　来店时间：2022.9.1
用户陈述及故障发生时的状况：早晨起动车辆后，发动机舱发出刺耳的响声，随后发动机熄火，再次起动发动机，发动机无法起动
接车员检测确认建议：检查润滑系统
车间检测确认结果及主要故障零部件：
车间检查确认者：

外观确认：	功能确认：（工作正常√ 不正常×） ☑音响系统　☑门锁（防盗器）☑全车灯光 ☑工具　☑后视镜　☑天窗　　☑座椅 ☑点烟器　☑玻璃升降器　☑玻璃
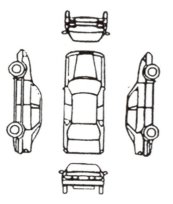 （请在有缺陷部位做标识）	物品确认：（有√　无×）  贵重物品提示 ☑工具　☑备胎 ☑灭火器　☑其他（　　　） 旧件是否交还用户 ☑是　□否 用户是否需要洗车 ☑是　□否

检测费说明：本次检测的故障如用户在本店维修，检测费包含在修理费用内；如用户不在本店维修，请您支付检测费。本次检测费：¥××××元。 　贵重物品：在将车辆交给我店检查修理前，已提示将车内贵重物品自行收起并保存好，如有遗失恕不负责。 　接车员：张×× 用户确认：赵××

一、润滑系统的功用及组成

1. 润滑系统的功用

润滑系统的功用是在发动机工作时连续不断地把数量足够的洁净机油输送到全部传动件的摩擦表面，并在摩擦表面之间形成油膜，实现液体摩擦，从而减小摩擦阻力，降低功率损耗，减轻机件磨损，以达到提高发动机工作可靠性和耐久性的目的。润滑系统的具体功用可归纳为以下 7 个方面。

1）润滑。机油能够润滑运动零件表面，减少摩擦阻力和磨损，降低发动机的功率消耗。

2）冷却。机油在润滑系统内可以循环带走摩擦产生的热量，起到冷却的作用。

3）清洗。机油在润滑系统内不断循环，可以清洗摩擦表面，带走磨屑和其他异物。

4）密封。机油在运动零件之间形成油膜，可以提高它们的密封性，有利于防止漏气或漏油。

5）防锈。机油在零件表面形成油膜，可以对零件表面起到保护作用，防止腐蚀生锈。

6）液压。机油还可用作液压油，如在液压挺柱和正时链液压张紧器内起液压调节作用。

7）减振缓冲。机油在运动零件表面形成油膜，利用机油油膜的不可压缩性，缓解配合件之间的冲击并减小振动，起到减振缓冲作用。

2. 润滑系统的组成

润滑系统主要由机油泵、油底壳、机油滤清器、机油油道、机油散热器、机油标尺、机油压力开关、机油压力警告灯及各种阀等组成，如图 5-1-1 所示。现代汽车发动机润滑系统的组成大致相似，只是由于润滑系统的工作条件和具体结构的不同而稍有差别，一般有以下几个基本装置。

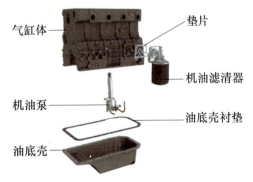

图 5-1-1　润滑系统的组成

1）供给装置。供给装置包括机油泵、油底壳、机油油道及各种阀等，其作用是保证机油以一定的压力、流量、路线对发动机各润滑部位进行循环润滑。

2）滤清装置。滤清装置主要是指机油滤清器，其作用是清除机油中的各种磨屑和杂质，以保证机油具有足够的清洁度。

3）指示装置。指示装置包括机油压力开关及机油压力警告灯等，其作用是使驾驶人及时了解和掌握发动机润滑系统的压力情况，以保证发动机正常运转。

4）冷却装置。冷却装置主要是指机油散热器，其作用是用来冷却机油，保持油温正常。

二、润滑系统的润滑方式

发动机各运动零件的工作条件不同，对润滑强度的要求也就不同，因而要相应地采取不同的润滑方式。发动机一般采用下面 3 种润滑方式。

1. 压力润滑

利用机油泵，将具有一定压力的机油源源不断地送往摩擦表面。例如，曲轴主轴承、连杆轴承及凸轮轴轴承等处承受的载荷及相对运动速度较大，需要以一定压力将机油输送到摩擦面的间隙中，方能形成油膜以保证润滑，这种润滑方式称为压力润滑。

2. 飞溅润滑

利用发动机工作时运动零件飞溅起来的油滴或油雾来润滑摩擦表面的润滑方式称为飞溅润滑。这种润滑方式可使裸露在外面承受载荷较轻的气缸壁，相对滑动速度较小的活塞销，配气机构的凸轮表面，挺柱等得到润滑。

3. 定期润滑

发动机辅助系统中有些零件则只需定期加注润滑脂进行润滑，如水泵及发电机轴承就是采用这种方式定期润滑。近年来在发动机上也采用含有耐磨润滑材料（如尼龙、二硫化钼等）的轴承来代替加注润滑脂的轴承。

三、润滑系统的工作原理

发动机工作时，机油从油底壳中被机油泵通过集滤器吸入机油滤清器中。从机油滤清器中过滤后的机油经主油道分 3 路输送到发动机的各部件：其中一路经曲轴主轴颈、连杆轴颈最终回到油底壳；有一路经机油喷嘴最终回到油底壳；还有一路经气缸盖，同时渗入凸轮轴轴承、气门机构等部件，最终回到油底壳。润滑系统反复循环，始终不间断地把洁净的机油送到发动机的传动件摩擦表面，润滑系统的工作原理，如图 5-1-2 所示。

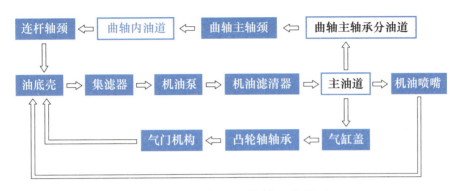

图 5-1-2　润滑系统的工作原理

四、润滑剂

发动机所用润滑剂有润滑油（机油）和润滑脂（黄油）两种，如图 5-1-3 所示。

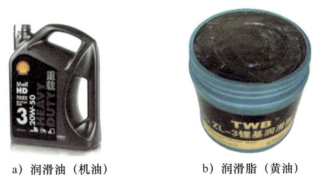

a）润滑油（机油）　　　　　b）润滑脂（黄油）

图 5-1-3　润滑剂

1. 机油

发动机机油在润滑系统内循环流动，循环次数每小时可达 100 次，工作环境十分恶劣。因此，汽车机油必须具备优良的使用性能。目前，汽车发动机广泛使用的机油，是以石油中提炼出来的润滑油为基础油，再加入各种添加剂混合而成。

国际上广泛采用美国 SAE 黏度分类法和 API 使用分类法，而且它们已被国际标准化组织（ISO）确认。美国工程师学会（SAE）按照机油的黏度等级，把机油分为冬季用机油和非冬季用机油。冬季用机油有 6 种牌号：SAEOW、SAE5W、SAE10W、SAE15W、SAE20W 和 SAE25W，非冬季机油有 4 种牌号：SAE20、SAE30、SAE40 和 SAE50。号数较大的机油黏度较大，适于在较高的环境温度下使用。

API 使用分类法是美国石油学会（API）根据机油的性能及其最适合的使用场合，把机油分为 S 系列和 C 系列两类。S 系列为汽油机机油，目前有 SA、SB、SC、SD、SE、SF、SG 和 SH 共 8 个级别。C 系列为柴油机机油，目前有 CA、CB、CC、CD 和 CE 共 5 个级别。级号越靠后，使用性能越好，适用的机型越新或强化程度越高。其中，SA、SB、SC 和 CA 等级别的机油，除非汽车制造厂特别推荐，否则将不再使用。

我国的机油分类法参照 ISO 分类方法。GB/T 7631.3—1995 规定，按机油的性能和使用场合分为汽油机机油、柴油机机油和二冲程汽油机机油。

1）汽油机机油：汽油机机油有 SC、SD、SE、SF、SG 和 SH 等 6 个级别。

2）柴油机机油：柴油机机油有 CC、CD、CD-2、CE 和 CF-4 等 5 个级别。

3）二冲程汽油机机油：二冲程汽油机机油有 ERA、ERB、ERC 和 ERD 等 4 个级别。

上述 3 种使用级别又有若干种单一黏度等级和多黏度等级的机油牌号。近年来还出现了汽柴油机通用的多用途发动机机油。

2. 润滑脂

润滑脂是将稠化剂掺入液体润滑剂中所制成的一种稳定的固体或半固体产品，其中可以加入旨在改善润滑脂某种特性的添加剂。润滑脂在常温下可附着于垂直表面而不流淌，并能在敞开或密封不良的摩擦部位工作，具有其他润滑剂所不能代替的特点，因此在汽车的许多部位都使用润滑脂润滑。

目前，进口汽车和国产新车普遍推荐使用汽车通用锂基润滑脂。这种润滑脂具有良好的高低温适应性，可在 -30~120℃ 的宽广温度范围内使用；具有良好的抗水性和防锈性能，可用于和水接触的摩擦部位；具有良好的安定性和润滑性，在高速运转的机械部位使用，不变质、不流失，保证润滑。

3. 机油选用的原则

1）根据汽车发动机的强化程度选用合适的机油使用等级。

2）根据地区的季节气温选用适当黏度等级的机油。

4. 机油使用的注意事项

1）如果不是通用油，则汽油机机油和柴油机机油不能混用；不同牌号的发动机机油也不能混用。

2）质量等级较高的发动机机油可代替质量等级较低的发动机机油；反之，则不能。

3）经常检查发动机机油的液面高度。

4）注意使用地区的气温变化，及时换用黏度等级适宜的发动机机油。在满足使用要求的前提下，发动机机油的黏度尽可能选择小些。

5）适时（定期或按质）换油。

6）严防水分、杂质等污染发动机机油。

⚠️ **思考** 若未定期更换发动机机油，会对发动机产生什么影响？

✏️ 课程育人

两个互相接触的物体，当它们发生相对运动或具有相对运动趋势时，就会在接触面上产生阻碍相对运动或相对运动趋势的力，这种力叫作摩擦力。正因为有了摩擦力，我们才能让鞋带系得牢固，但也因为有了摩擦力，机械上的齿轮也会因长时间使用而磨损。

如今在工程技术中，人们往往通过施加润滑剂来减少摩擦，甚至为此产生了专门研究这个问题的分支学科。事实上，千百年来，人类从未停止过对于摩擦力的研究和利用。

在距今公元前3500年的古埃及，工人们为法老修建金字塔时需要搬运巨石，他们在地上铺设滚木，通过人和牲畜的拖拽，让巨石在滚木上移动。为了减轻物体之间的强大摩擦力，他们找来了天然的油脂或湿泥涂抹在巨石与滚木间，这便是"润滑"概念的最早来源。

中国晋代有本著名著作《博物志》，是由西晋张华编撰的一本博物学著作。在这本包罗万象的奇书中，记载了今甘肃玉门有一种"石漆"，也就是我们今天所说的石油提炼物质，这一物质被用于古代车辆车轴的润滑，这种车辆保养技术被古代人称为"膏车"。而这一记载发现，也成为了人类最早提炼石油的重要依据。直到近现代，石油被大规模发现并应用后，矿物质油才彻底取代动植物油作为最主要的润滑剂。

⚠ **思考**　我们应该如何看待并利用摩擦力的作用呢？

✏ **巩固提升**

一、选择题

1. 润滑系统当中的冷却装置主要是指（　　　）。

A. 机油散热器　　　　B. 机油滤清器　　　　C. 油底壳　　　　D. 机油油道

2. 发动机机油在润滑系统内循环流动，循环次数每小时可达（　　　）。

A. 50 次　　　　　　　B. 100 次　　　　　　C. 150 次　　　　D. 200 次

3. 美国石油学会（API）按照机油的性能及其最适合的使用场合，把机油分为（　　　）。

A. 冬季用机油和非冬季用机油

B. 低黏度机油和高黏度机油

C. 半合成机油和全合成机油

D. S 系列和 C 系列

4. 美国工程师学会（SAE）按照机油的黏度等级，把机油分为（　　　）。

A. 冬季用机油和非冬季用机油

B. 低黏度机油和高黏度机油

C. 半合成机油和全合成机油

D. S 系列和 C 系列

5. 锂基润滑脂的使用温度（工作温度）是（　　　）。

A. −20～120℃　　　　　　　　　　B. −30～130℃

C. −40～140℃　　　　　　　　　　D. −50～150℃

二、判断题

1. 在润滑系统中，滤清装置的功用是清除机油中的各种磨屑和杂质。

（　　　）

2. 利用发动机工作时运动零件飞溅起来的油滴或油雾来润滑摩擦表面的润滑方式称为飞溅润滑。　　　　　　　　　　　　　　　　　　　　（　　　）

3. 润滑脂俗称黄油。　　　　　　　　　　　　　　　　　　　　　　（　　　）

4. 锂基润滑脂具有良好的抗水性和防锈性。　　　　　　　　　　　　（　　　）

5. 不同牌号的发动机机油可以混用。　　　　　　　　　　　　　　　（　　　）

任务二 润滑系统主要部件的构造与检查

情景导入

客户赵先生驾驶一辆 2018 款别克威朗轿车，发现连续爬坡行驶时，仪表上机油压力指示灯常亮。维修技师初步检查后发现机油压力存在不足现象。为了确定具体故障原因，需对润滑系统做进一步检查。作为汽车维修技师，请仔细查看服务顾问提供的汽车问诊表，并针对故障进行后续处理。

接车问诊表

车牌号：黑 A×××× 车架号：LSGBC×××××242755 行驶里程：104582（km）
用户名：赵×× 电话：150×××2112 来店时间：2022.9.1
用户陈述及故障发生时的状况：发现连续爬坡行驶时，仪表上机油压力指示灯常亮
接车员检测确认建议：检查润滑系统
车间检测确认结果及主要故障零部件：
车间检查确认者：

外观确认：

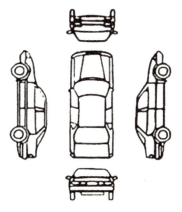

（请在有缺陷部位做标识）

功能确认：（工作正常√　不正常×）
☑音响系统　☑门锁（防盗器）　☑全车灯光
☑工具　☑后视镜　☑天窗　☑座椅
☑点烟器　☑玻璃升降器　☑玻璃

物品确认：（有√　无×）

贵重物品提示
☑工具　☑备胎
☑灭火器　☑其他（　　　）
旧件是否交还用户
☑是　□否
用户是否需要洗车
☑是　□否

检测费说明：本次检测的故障如用户在本店维修，检测费包含在修理费用内；如用户不在本店维修，请您支付检测费。本次检测费：¥××××元。

贵重物品：在将车辆交给我店检查修理前，已提示将车内贵重物品自行收起并保存好，如有遗失恕不负责。

接车员：张×× 用户确认：赵××

一、机油泵

机油泵的功用是提高机油压力，保证机油在润滑系统内不断循环。目前发动机润滑系统中广泛采用的是外齿轮式机油泵、内齿轮式机油泵和转子式机油泵3种。

1. 外齿轮式机油泵

外齿轮式机油泵主要由主动轴、主动齿轮、从动轴、从动齿轮和壳体等组成，如图5-2-1所示。主动齿轮与从动齿轮相互啮合，装在壳体内，齿轮与壳体的径向和端面间隙很小。主动轴与主动齿轮采用键连接，从动齿轮空套在从动轴上。

图 5-2-1　外齿轮式机油泵的组成

当发动机工作时，主动齿轮带动从动齿轮反向旋转。两齿轮旋转时，充满在齿轮齿槽间的机油沿油泵壳壁由进油腔带到出油腔，在进油腔一侧由于齿轮脱开啮合以及机油被不断带出而产生真空，使油底壳内的机油在大气压力作用下经机油集滤器进入进油腔；而在出油腔一侧由于齿轮进入啮合和机油被不断带入而产生挤压作用，机油以一定压力被泵出，如图5-2-2所示。

2. 内齿轮式机油泵

内齿轮式机油泵主要由外齿轮（从动齿轮）、内齿轮（主动齿轮）、限压阀、泵盖和泵壳等组成，如图5-2-3所示。主动齿轮为一较小的内齿轮，一般直接由曲轴驱动；从动齿轮为一较大的外齿轮。

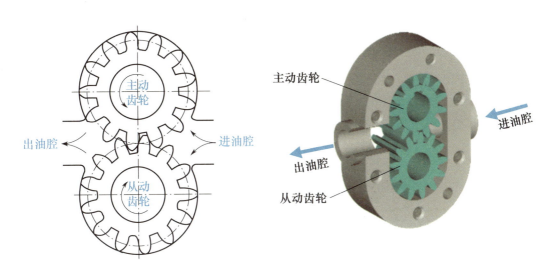

图 5-2-2　外齿轮式机油泵的工作原理

当发动机工作时，主动齿轮（内齿轮）随曲轴一起转动并带动从动齿轮（外齿轮）以相同的方向旋转。内、外齿轮在转到进油口处时开始逐渐脱离啮合，并沿旋转方向两者形成的空间逐渐增大，产生一定的真空度，将机油从油泵进油口吸入。随着齿轮的继续旋转，月牙块将内、外齿轮隔开，齿轮旋转时把齿间所存的油带往出油口。在靠近出油口处，内、外齿轮间的空间逐渐减小，油压升高，机油从油泵出油口送往发动机油道中，内、外齿轮又重新啮合，如图 5-2-3 所示。

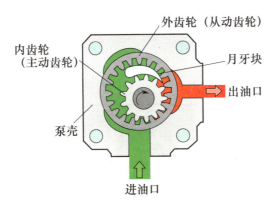

图 5-2-3　内齿轮式机油泵的组成及工作原理

3.转子式机油泵

转子式机油泵主要由壳体、内转子、外转子和泵盖等组成，如图 5-2-4 所示。内转子用键或销固定在转子轴上，由曲轴齿轮直接或间接驱动，内转子和外转子中心不同心而存在偏心距，内转子带动外转子一起沿同一方向转动，由于内转子有 4 个凸齿，外转子有 5 个凹齿，因此内、外转子可以实现同向不同步地旋转。

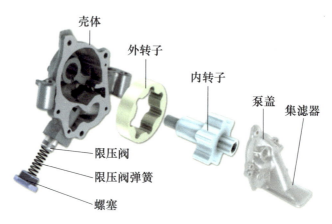

图 5-2-4　转子式机油泵的组成

转子齿形齿廓在设计时需使转子转到任何角度时，内、外转子每个齿的齿形廓线上总能互相成线接触，使内、外转子间形成 4 个工作腔。随着转子的转动，这 4 个工作腔的容积也在不断变化。

转子式机油泵的工作原理是机油进入油道的一侧空腔，由于转子脱开啮合，容积逐渐增大，产生真空，机油被吸入，转子继续旋转，机油被带到出油道的一侧。这时，转子正好进入啮合，使这一空腔容积减小，油压升高，机油从齿间挤出并经出油道压送出去。这样，随着转子的不断旋转，机油就不断地被吸入和压出，如图 5-2-5 所示。

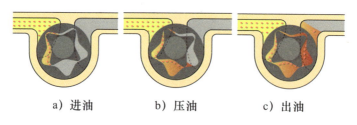

a) 进油　　　　　b) 压油　　　　　c) 出油

图 5-2-5　转子式机油泵的工作原理

二、机油滤清器

机油滤清器的功用是滤清机油中的金属屑、机械杂质及机油本身氧化的产物，如各种有机酸、沥青以及碳化物等，防止它们进入零件的摩擦表面而将零件拉毛、刮伤，使磨损加剧，以及防止润滑系统通道堵塞而出现烧坏轴瓦等严重事故。机油流到摩擦表面之前，经过滤清器滤清的次数越多，则机油越清洁。但滤清次数越多，机油流动阻力也越大。为解决滤清与油路通畅的问题，润滑系统中一般都装用几个不同滤清能力的滤清器——集滤器、粗滤器和细滤器，它们分别串联和并联在主油道中。其中，与主油道串联的滤清器称为全流式滤清器；与主油道并联的滤清器称为分流式滤清器。

1. 集滤器

集滤器是装在机油泵之前的吸油口端，多采用滤网式，其作用是防止较大的机械杂质进入机油泵，如图 5-2-6 所示。

图 5-2-6　集滤器

当机油泵工作时，机油从罩板与浮子之间的狭缝被吸入，经过滤网滤去粗大的杂质后，通过油管进入机油泵。当滤网被堵塞时，滤网上方的真空度增大，克服滤网的弹力，滤网便上升而环口离开罩板。此时，机油不经滤网而直接从环口进入吸油管内，以保证机油的供给不中断。

2. 粗滤器

机油粗滤器用于滤去机油中粒度较大（直径为 0.05～0.1mm）的杂质。它对机油的流动阻力较小，通常串联在机油泵与主油道之间，属于全流式滤清器。粗滤器根据滤芯的不同，有各种不同的结构形式。传统的粗滤器多采用金属片缝隙式，由于质量大、结构复杂、制造成本高等缺点，金属片缝隙式粗滤器已基本被淘汰。现代汽车发动机普遍采用纸质式粗滤器。

3. 细滤器

机油细滤器用以滤去机油中粒度较小（直径为 0.001mm 以上）的杂质，如图 5-2-7 所示。由于它对机油的流动阻力较大，故多做成分流式，与主油道并联。分流式滤清器有过滤式和离心式两种类型。过滤式滤清器存在着滤清与通过能力之间的矛盾，而离心式滤清器具有滤清能力高、通过能力大且不受沉淀物影响等优点。

图 5-2-7　细滤器

三、机油散热器

机油散热器一般有风冷式和水冷式两种，如图 5-2-8 所示。

a）风冷式　　　　　　　　　　b）水冷式

图 5-2-8　机油散热器

风冷式机油散热器的芯子由许多冷却管和冷却板组成，在汽车行驶时，利用汽车的迎面风来冷却热的机油散热器芯子。风冷式机油散热器要求周围通风好，而在普通轿车上很难保证有足够的通风空间，故一般很少采用。在赛车上多采用这种散热器，因为赛车速度快，散热风量大。

水冷式机油散热器置于冷却液路中，利用冷却液的温度来控制机油的温度。当机油温度高时，靠冷却液降温，发动机起动时，则从冷却液吸收热量使机油温度迅速提高。机油散热器由铝合金铸成的壳体、前盖、后盖和铜芯管组成。为了加强冷却，管外又套装了散热片。冷却液在管外流动，机油在管内流动，两者进行热量交换；也有使机油在管外流动，而水在管内流动的结构。

四、机油滤清器和机油泵的拆装注意事项

以 2018 款别克威朗轿车为例：

1）安装机油滤清器时，机油滤清器衬垫接触到机油滤清器安装座表面后需再紧固 3/4 至 1 圈。

2）安装机油泵内部零件时，需对零件进行清洗、检验和必要润滑。

3）安装机油泵内部零件后，用手转动机油泵齿轮，应转动自如，无卡阻现象。将机油灌入机油泵内，用拇指堵住出油孔，转动机油泵齿轮应有机油压出，并能感到压力。

4）安装机油泵时，需更换机油泵衬垫并涂抹密封胶。

5）安装各个部件螺栓时，需使用扭力扳手按照规定扭矩进行紧固。

五、机油和机油滤清器的更换

一般汽车每行驶 5000km 左右，应更换一次机油，每次更换机油时，应更换一次机油滤清器。机油和机油滤清器的更换方法如下。

1. 排空机油

举升车辆至合适高度，拆下前舱右防溅罩，放置接油盘至车辆下方，拆下放油螺塞，排空机油，如图 5-2-9 所示。

拆卸机油滤清器

图 5-2-9　排空机油

2. 更换机油滤清器

拆下机油滤清器并废弃，清洁机油滤清器安装座表面，使用新的机油润滑新的机油滤清器衬垫，安装新的机油滤清器。

3. 加注机油

安装放油螺塞，移开接油盘，安装前舱右防溅罩，降下车辆使轮胎与地面接触。加注新的机油至规定刻度，起动发动机使之怠速运转，直到仪表上机油压力指示灯熄灭，检查并纠正机油油位，重新设置机油寿命系统。

⚠ **思考** 若汽车长时间没有更换机油以及机油滤清器，会对发动机有影响吗？

六、机油压力的检测

发动机工作时，其润滑系统内必须保持正常的机油压力。机油压力过高或过低都会对发动机造成危害。因此，在检修发动机时，经常对润滑系统的机油压力进行检测，以确定机油压力是否正常。发动机上一般设有机油压力测量孔，或利用发动机气缸体上的机油压力开关螺孔检测。机油压力的检测方法如下。

1）拔下机油压力传感器的线束插头，拆下机油压力传感器。

2）将机油压力表接头拧入安装机油压力传感器的螺纹孔内，并拧紧接头，如图5-2-10所示。

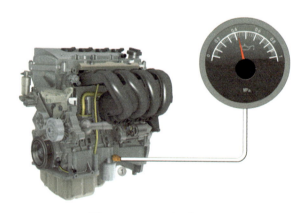

图 5-2-10　安装机油压力表

3）将机油压力表放置在不会接触到发动机旋转部件及高温部件的地方。

4）起动发动机，检查机油压力表接头处有无漏油。如有漏油，应熄火后重新拧紧接头。

5）运转发动机使之达到正常的工作温度，分别在怠速和 2000r / min 时检查机油压力表的读数，并与标准压力值进行比较。

七、机油泵的检修

机油泵的主要损伤形式是由零件的磨损所造成的泄漏，使泵油压力降低和泵油量减少。机油泵的端面间隙、齿顶间隙、齿轮啮合间隙、轴与轴承间隙的增大，各处密封性和限压阀的调整将影响到泵油量和泵油压力。由于机油泵工作时润滑条件好，零件磨损速度慢，使用寿命长，故可以根据它的工作性能确定是否需拆检和修理。下面以转子式机油泵为例来讲解检修方法。

1）检查内外转子的齿顶间隙：用塞尺测量驱动和从动转子齿顶间隙，如图 5-2-11 所示。如果超过极限值，则应更换整套转子。

机油泵的检修

图 5-2-11　检查内外转子的齿顶间隙

2）检查外转子与泵体之间的间隙：用塞尺测量从动转子和壳体的间隙，如图 5-2-12 所示。如超过极限值，则应更换整套转子，必要时换油泵组件。

图 5-2-12　检查外转子与泵体之间的间隙

3）检查端面间隙：用塞尺和精密的平尺测量转子和端盖之间的间隙，如图 5-2-13 所示。如超过极限值，则应更换整套转子，必要时应更换油泵组件。

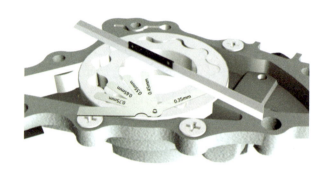

图 5-2-13　检查端面间隙

4）装复机油泵：安装转子时，应注意内外转子标记应对齐，并使安装记号朝向泵体。

📝 课程育人

中国石油天然气股份有限公司，简称"中国石油"，是我国的国有骨干企业，在 2023 年世界 500 强中排名第五。其子公司——中国石油润滑油公司是一家集研发、生产、销售和服务于一体的机油、润滑脂和添加剂专业化公司，著名润滑油品牌"昆仑"便是出自于此。

"昆仑"润滑是于 2000 年中国石油按照"五统一，一集中"的战略整合推出的机油品牌，在此之前，"中国石油"的机油产业早于 20 世纪 50 年代便已起步，因此，"中国石油"也是国内历史悠久的机油、润滑脂和添加剂的研发中心和生产基地。经过半个多世纪的发展，昆仑产品经久不衰，不仅通过了多项国际认证体系，在始终坚持产品高质量的同时，也注重环境的保护。

现在，"昆仑"已经成为中国驰名商标。其多项产品先后获得戴姆勒、克莱斯勒、宝马、大众、沃尔沃、通用等国际知名汽车企业的认可。同时分别被一汽集团、上汽集团、东风汽车公司、江淮汽车、哈飞汽车、吉利汽车、中国重汽、徐工集团、龙工集团、临工集团、宗申摩托、建设摩托、力帆摩托等多家汽车及设备 OEM 生产厂商选为装车与服务用油。

⚠ **思考**　在你的生活中，哪些地方看到过"昆仑"润滑？

巩固提升

一、选择题

1. 外齿轮式机油泵的主动轴与主动齿轮采用（　　）。

　　A. 螺纹连接 　　　　　　 B. 键连接

　　C. 销连接 　　　　　　　 D. 铆连接

2. 内齿轮式机油泵的主动齿轮一般直接由（　　）。

　　A. 曲轴驱动 　　　　　　 B. 飞轮驱动

　　C. 平衡轴驱动 　　　　　 D. 凸轮轴驱动

3. 机油粗滤器用于滤去机油中粒度直径为（　　）的杂质。

　　A. 0.05～0.1mm 　　　　 B. 0.06～0.2mm

　　C. 0.07～0.3mm 　　　　 D. 0.08～0.4mm

4. 机油细滤器用以滤去机油中粒度直径为（　　）以上的杂质。

　　A. 0.001mm 　　　　　　 B. 0.002mm

　　C. 0.003mm 　　　　　　 D. 0.004mm

5. 下列关于机油泵说法不正确的是（　　）。

　　A. 当发动机工作时，外齿轮式机油泵的主动齿轮带动从动齿轮反向旋转。

　　B. 当发动机工作时，内齿轮式机油泵的主动齿轮随曲轴一起转动并带动从动齿轮以相同方向旋转。

　　C. 转子式机油泵的内转子与外转子之间共用同一个中心。

　　D. 机油泵可以保证机油在润滑系统内不断循环。

二、判断题

1. 目前发动机润滑系统中广泛采用的是外齿轮式机油泵、内齿轮式机油泵和转子式机油泵。　　　　　　　　　　　　　　　　　　（　　）

2. 内齿轮式机油泵的从动齿轮为一较小的外齿轮。　　　　　（　　）

3. 转子式机油泵主要由壳体、内转子、外转子和泵盖等组成。（　　）

4. 转子式机油泵的内转子有4个凸齿，外转子有5个凹齿。　（　　）

5. 机油散热器一般有风冷式和水冷式两种。　　　　　　　　（　　）

<table>
<tr><td>项目六</td><td># 汽油机燃料供给系统的构造与维修</td></tr>
</table>

汽车发动机燃料供给系统对发动机正常运行起着必不可少的重要作用。当燃料供给系统工作时，燃油通过燃油泵从油箱中泵出，经过燃油滤清器除去杂质及水分后，再经燃油总管送至燃油分配管，送至各缸喷油器。喷油器根据 ECU 的喷油指令，开启喷油阀，将适量的燃油喷于进气歧管内（缸内直喷发动机除外），待到进气行程时，再将燃油混合气吸入气缸中，以维持发动机正常运转。

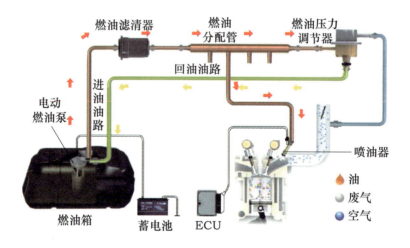

✏️ 学习目标

知识目标

1. 能够说出汽油机燃料供给系统的基本组成及其功用。
2. 能够说出汽油机燃料供给系统主要部件的结构及其工作原理。
3. 能够说出汽油机燃料供给系统的主要检修内容和方法。

技能目标

1. 能够完成汽油机燃料供给系统主要部件的拆装工作。
2. 能够完成汽油机燃料供给系统常用部件的检修工作。

素质目标

1. 培养良好的职业道德和工匠精神。
2. 培养安全意识和团队协作精神。
3. 培养自我管理和自主学习能力。

汽油机燃料供给系统基本认知

📝 情景导入

　　客户赵先生驾驶一辆 2018 款别克威朗轿车，以中等速度行驶时，排气管处发出有规律的"砰、砰"声。若降低速度，排气管处声音更大。维修技师检查后发现其燃油不纯净，混有其他液体。为了确定故障原因，需对燃料供给系统做进一步检查。作为汽车维修技师，请仔细查看服务顾问提供的汽车问诊表，并针对故障进行后续处理。

接车问诊表

车牌号：黑 A××××× 　车架号：LSGBC×××××123456 　行驶里程：70000（km）
用户名：赵 ×× 电话：150××××2112 　来店时间：2022.9.1
用户陈述及故障发生时的状况：以中等速度行驶时，排气管处发出有规律的"砰、砰"声。若降低速度，排气管处声音更大
接车员检测确认建议：检查燃料供给系统
车间检测确认结果及主要故障零部件：
车间检查确认者：

外观确认：	功能确认：（工作正常√　不正常×）
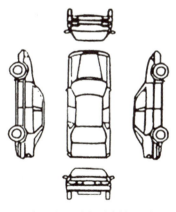　　（请在有缺陷部位做标识）	☑音响系统　☑门锁（防盗器）　☑全车灯光 ☑工具　☑后视镜　☑天窗　☑座椅 ☑点烟器　☑玻璃升降器　☑玻璃 物品确认：（有√　无×）  贵重物品提示 ☑工具　☑备胎 ☑灭火器　☑其他（　　） 旧件是否交还用户 ☑是　□否 用户是否需要洗车 ☑是　□否

　　检测费说明：本次检测的故障如用户在本店维修，检测费包含在修理费用内；如用户不在本店维修，请您支付检测费。本次检测费：￥××××元。

　　贵重物品：在将车辆交给我店检查修理前，已提示将车内贵重物品自行收起并保存好，如有遗失恕不负责。

　　接车员：张××　用户确认：赵××

一、汽油机燃料供给系统的功用

燃料供给系统为发动机的运转提供条件，是决定发动机性能优劣的重要系统。其功用主要有以下几点：

1）根据发动机不同工况的要求，向发动机提供一定数量的、清洁的、雾化良好的可燃混合气。

2）将燃烧做功后的废气排出。

3）为汽车行驶储存一定里程的汽油。

二、汽油机燃料供给系统的组成及工作原理

汽油机燃料供给系统有化油器式燃料供给系统和电控喷射式燃料供给系统（以下简称电控燃油喷射系统）两大类型。化油器式燃料供给系统已退出历史舞台，目前汽车发动机普遍采用的是电控燃油喷射系统，如图 6-1-1 所示。

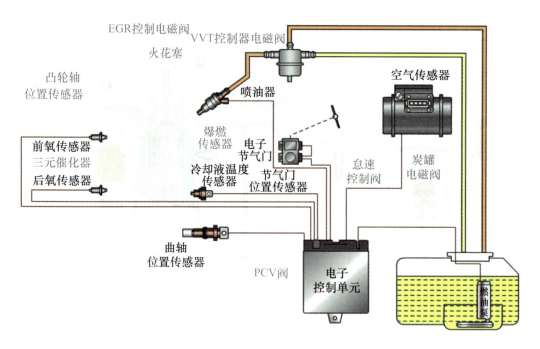

图 6-1-1 电控燃油喷射系统

1. 电控制燃油喷射系统的组成

电控燃油喷射系统主要由空气供给系统、燃油供给系统、电子控制系统三大部分组成。

（1）空气供给系统 汽油机空气供给系统的功用是测量和控制燃油燃烧所

需的空气量，为可燃混合气的形成提供必需的空气，同时将燃烧产生的废气排出气缸。空气供给系统包括进气系统和排气系统两大部分。如图6-1-2所示，进气系统主要由空气滤清器、空气计量装置、怠速控制阀、节气门体及进气歧管等组成，有的还带有增压系统；排气系统主要由排气歧管、三元催化转化器、消声器等组成。

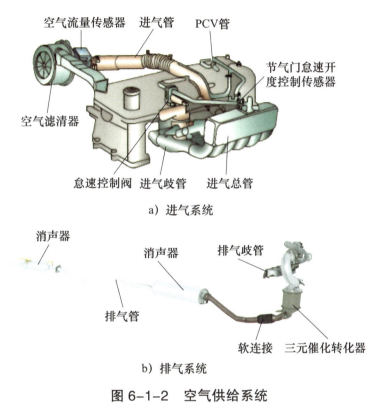

a）进气系统

b）排气系统

图6-1-2　空气供给系统

（2）燃油供给系统　燃油供给系统的功用是向气缸提供燃烧所需的燃油，主要由燃油箱、燃油滤清器、燃油泵、输油管、燃油压力调节器、燃油分配管、喷油器和回油管等组成，如图6-1-3所示。

图6-1-3　燃油供给系统

（3）电子控制系统　电子控制系统的功用是根据发动机和汽车不同的运行工况，对喷油时刻、喷油量等进行确定和不断修正；检测各传感器的工作，并将工作参数储存和输出。电子控制系统由各种传感器、发动机电控单元（ECU）和执行器三部分组成，如图6-1-4所示。

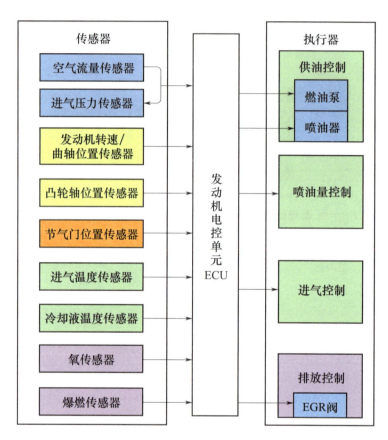

图6-1-4　电子控制系统

2. 电控燃油喷射系统的工作原理

电控燃油喷射系统能根据发动机运行工况对空燃比进行精确控制。如图6-1-5所示，当发动机运行时，发动机电控单元（ECU）根据空气流量、发动机转速等信号，计算出所需的燃油量，并在合适的时刻打开喷油器，向进气道喷射适量的燃油，与空气混合后送入气缸。为了减少排放污染，还设置了活性炭罐、三元催化转化器、废气再循环等装置进行控制。与化油器式燃油系统相比，电控燃油喷射系统主要具有低油耗、低排气污染、转矩及功率输出高、低温起动性好、工况过渡流畅、加速性好等优点。

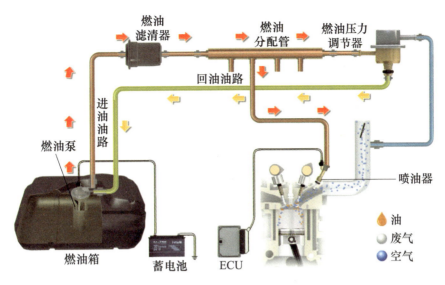

图 6-1-5　电控燃油喷射系统工作原理

三、电控燃油喷射系统的类型

电控燃油喷射系统根据不同的划分标准，有不同的类型。

1. 按喷油器的喷射部位分类

汽油发动机电控燃油喷射系统按喷油器的喷射部位的不同，可分为缸外喷射系统和缸内喷射系统两种。

（1）缸外喷射系统　缸外喷射系统也称为进气管喷射系统。它是将喷油器安装在节气门或进气门附近的进气歧管上，以 0.20～0.35MPa 的喷射压力将汽油喷入进气管或进气道内，如图 6-1-6 所示。目前，缸外喷射系统应用较为广泛。

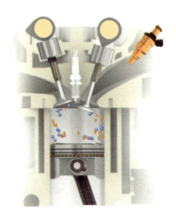

图 6-1-6　缸外喷射系统

（2）缸内喷射系统　缸内喷射系统将喷油器安装在气缸盖上，汽油直接喷入气缸，如图6-1-7所示。这种喷射系统需要较高的喷射压力（3~5MPa），因而对供油装置要求比较高，成本相应也比较高。

图6-1-7　缸内喷射系统

2. 按喷油器的数量分类

汽油发动机电控燃油喷射系统按喷油器的数量的不同，可分为单点喷射系统和多点喷射系统。

（1）单点喷射系统　单点喷射系统是指在节气门的前方安装1~2个喷油器进行集中喷射，如图6-1-8所示。这种系统结构简单，但存在各缸混合气浓度分配不均的问题。现在这种喷射系统已经不再使用。

（2）多点喷射系统　多点喷射系统是指在每一个气缸进气门前的进气道内分别设置一个喷油器，实行各缸分别供油，如图6-1-9所示。这种系统可以保证各缸的混合气浓度的一致性和分配的均匀性，因此在市面上应用广泛。

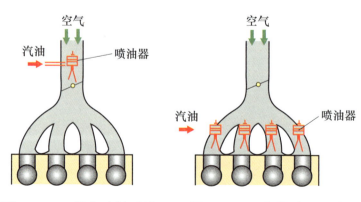

图6-1-8　单点喷射系统　　　图6-1-9　多点喷射系统

3. 按喷油器的喷油方式分类

汽油发动机电控燃油喷射系统按喷油器喷油方式的不同，可分为连续喷射式系统和间歇喷射式系统两大类型。

（1）连续喷射式系统　连续喷射式系统是指在发动机工作期间，喷油器连续不断地向进气道内喷油，且大部分汽油是在进气门关闭时喷射的。

（2）间歇喷射式系统　间歇喷射式系统是指在发动机工作期间，汽油被间歇地喷入进气道内。这种燃油喷射方式被广泛地应用于现代电控燃油喷射系统中。间歇喷射还可按各缸喷射时间的不同分为同时喷射、分组喷射和顺序喷射三种形式，如图 6-1-10 所示。

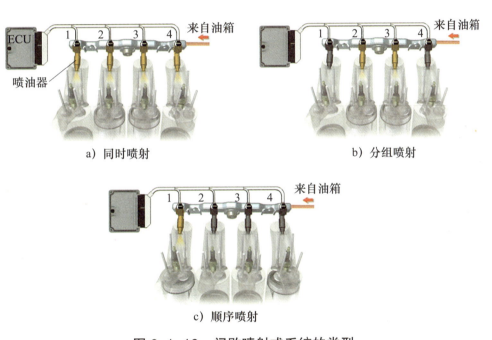

a）同时喷射　　　　　　　　　　b）分组喷射

c）顺序喷射

图 6-1-10　间歇喷射式系统的类型

四、汽油机可燃混合气浓度及不同工况对混合气的要求

1. 可燃混合气浓度

可燃混合气是指燃料与空气的混合物。对于汽油机而言，可燃混合气是汽油与空气混合形成的混合气。可燃混合气中燃料含量的多少称为可燃混合气浓度，它可以用过量空气系数或空燃比来表示。我国一般采用过量空气系数（欧美采用空燃比）表示。

（1）过量空气系数　过量空气系数是指燃烧 1kg 燃料实际供给的空气质量与理论上 1kg 燃料完全燃烧所需的空气质量之比，用 α 表示，即：

$$\alpha = \frac{\text{燃烧 1kg 燃料实际供给的空气质量}}{\text{理论上 1kg 燃料完全燃烧所需的空气质量}}$$

$\alpha=1$ 的可燃混合气称为理论混合气；$\alpha>1$ 的可燃混合气称为稀混合气；$\alpha<1$ 的可燃混合气称为浓混合气。

（2）空燃比　空燃比是指实际吸入发动机中的空气质量与燃油质量的比值，用 R 表示，即：

$$R = \frac{\text{混合气中空气质量}}{\text{混合气中燃油质量}}$$

理论上 1kg 汽油完全燃烧需要 14.7kg 的空气，这种空燃比 $R=14.7$ 的混合气称为理论混合气；$R>14.7$ 的混合气称为稀混合气；$R<14.7$ 的混合气称为浓混合气。

注意： $\alpha=1$ 或 $R=14.7$ 只是理论上推算的完全燃烧的可燃混合气，实际上混合气在气缸中不能完全燃烧，原因如下：

① 气缸中混合气的不均匀分布使得部分燃料来不及和空气分子化合就被排出气缸外。

② 气缸中未被排出的残余废气会阻碍汽油分子和空气分子的结合，影响火焰中心的形成和火焰传播。

2. 发动机不同工况对混合气浓度的要求

发动机工况是发动机工作情况的简称，它包括发动机的转速和负荷情况。发动机的负荷是指汽车所施加给发动机的阻力矩。发动机工况分为稳定工况和过渡工况两种。其中，稳定工况包括怠速、小负荷、中等负荷、全负荷；过渡工况包括起动工况、加速工况等。汽车的行驶工况随载荷、车速、路况等因素变化，汽油机不同工况对可燃混合气浓度的要求见表 6-1-1。

表 6-1-1　汽油机不同工况对可燃混合气浓度的要求

工况	状态特征	对混合气的要求
起动工况	发动机处于冷车状态，混合气得不到足够的预热，汽油蒸发困难	需要供给多而浓的混合气（$\alpha=0.2 \sim 0.6$），以保证有足够的汽油雾化，形成恰当浓度的混合气，从而利于着火
怠速工况	节气门开度小，进气量少，发动机转速低，汽油雾化、蒸发条件仍很差	需要量少而浓的混合气（$\alpha=0.6 \sim 0.8$），以提高燃烧速度，保证发动机能稳定运转

（续）

工况	状态特征	对混合气的要求
小负荷工况	发动机对外输出功率小，节气门开度小，进入气缸的混合气数量少，气缸残留废气比例高	需要稍浓混合气（$\alpha=0.7 \sim 0.9$），以利于燃烧
中负荷工况	节气门开度适中，转速较高，汽油雾化、蒸发良好，要求经济性为主	需要稍稀混合气（$\alpha=0.9 \sim 1.1$），以保证获得一定的动力性和最佳经济性
全负荷工况	汽车要克服很大的阻力，节气门开度已达85%以上，进气量很多	需要多而浓的混合气（$\alpha=0.85 \sim 0.98$），以利于迅速燃烧产生最大动力
加速工况	节气门突然开大，要求发动机动力迅速提高	在突然开大节气门的同时，需要加浓混合气以满足发动机急加速的要求

⚠ **思考** 为什么要设置理论混合气？它有什么样的作用？

✏ **课程育人**

2019年9月23日，"伟大历程　辉煌成就——庆祝中华人民共和国成立70周年大型成就展"开幕，"新中国第一"的150件珍贵展品震撼亮相，而新中国第一代汽油机便是这150件展品中的一件。2021年7月15日，这件展品再一次出现在北京的中国共产党历史展览馆内，并面向社会公众开放，这位国家"功臣"也得以让更多人了解和知晓。

1101型汽油机是由广西汽车集团所属公司五菱柳机的前身柳州机械厂研制的。1953年11月，在一无经验、二无图纸的艰苦条件下，柳州机械厂成功试制出了我国第一台汽油机，于第二年1月在北京通过部级鉴定，不仅满足了国民经济、国防建设需要，还填补了国内汽油机生产空白，柳州机械厂也因此成为我国此类型汽油机定点生产企业。在此后长达30年的时间里，这台仅有2.94RW（4马力）的汽油机，量产近10万台，被用于发电照明、电影放映、哨所执勤和抽水灌溉等诸多领域，对当时新中国的发展贡献巨大。

不仅如此，在1954年5月，这台汽油机就走出了国门，在大马士革和莱比锡国际博览会上展出。从1965年至1977年，共计有7774台1101型汽油机及发电机组援外出口至坦桑尼亚、越南、叙利亚、索马里、朝鲜、阿尔巴尼亚、几内亚等国，成为备受国际社会认可的"明星产品"。

⚠ **思考** 除了这里讲到的汽油机，你还知道哪些"新中国第一"呢？哪一个最让你难忘？

巩固提升

一、选择题

1. 电控燃油喷射系统主要由（　　　）组成。

　A. 进气系统、燃油供给系统、化油器

　B. 进气系统、排气系统、燃油供给系统、化油器

　C. 空气供给系统、燃油供给系统、化油器

　D. 空气供给系统、燃油供给系统、电子控制系统

2. 按喷油器的喷射部位分，汽油发动机电控燃油喷射系统可分为（　　　）。

　A. 缸外喷射系统、缸内喷射系统

　B. 单点喷射系统、多点喷射系统

　C. 连续喷射式系统、间歇喷射式系统

　D. 同时喷射、分组喷射和顺序喷射

3. 电子控制系统一般由（　　　）三部分组成。

　A. 曲轴位置传感器、电控单元　　　　　B. 电控单元、执行器

　C. 传感器、ECU、执行器　　　　　　　D. 传感器、喷油器

4. 空燃比大于 14.7 的混合气为（　　　）混合气。

　A. 浓　　　　　　　　　　　　　　　　B. 稀

　C. 标准　　　　　　　　　　　　　　　D. 功率

5. 获得最低燃油消耗率的混合气浓度应是（　　　）。

　A. $\alpha=1.05\sim1.15$　　　　　　　　　B. $\alpha=1$

　C. $\alpha=0.85\sim0.95$　　　　　　　　　D. $\alpha=0.7\sim0.9$

二、判断题

1. 燃油供给系统的主要作用是保证在各工况下可靠地给发动机提供所需要的燃油。　　　　　　　　　　　　　　　　　　　　　　　　　（　　　）

2. 为了减少排放污染，电控燃油喷射系统中还设置了活性炭罐、三元催化转化器、废气再循环等装置进行控制。　　　　　　　　　　　　（　　　）

3. 相较于间歇喷射式系统，连续喷射式系统在电控燃油喷射系统中应用较多。　　　　　　　　　　　　　　　　　　　　　　　　　　　（　　　）

4. 汽油机燃用的是汽油蒸气与空气的混合物，所以汽油的蒸发性越好，汽油机的动力性越好。　　　　　　　　　　　　　　　　　　　（　　　）

5. 喷油器把燃油喷射到发动机进气歧管内的称为进气管喷射。　（　　　）

任务二 空气供给系统的拆装与检查

情景导入

客户赵先生驾驶一辆 2018 款别克威朗轿车，车辆近一年内未做过保养，近段时间出现加速无力、油耗明显增加的现象。维修技师检测及路试检查后发现空气滤清器积灰严重，已丧失过滤能力，需要更换。作为汽车维修技师，请仔细查看服务顾问提供的汽车问诊表，并针对故障进行后续处理。

接车问诊表

车牌号：黑 A×××××   车架号：LSGBC××××××123456   行驶里程：70000（km）
用户名：赵 ×× 电话：150×××2112 来店时间：2022.9.1
用户陈述及故障发生时的状况：车辆近一年内未做过保养，近段时间出现加速无力，油耗明显增加的现象
接车员检测确认建议：更换空气滤清器
车间检测确认结果及主要故障零部件：
车间检查确认者：

外观确认：	功能确认：（工作正常√ 不正常×） ☑音响系统 ☑门锁（防盗器） ☑全车灯光 ☑工具 ☑后视镜 ☑天窗 ☑座椅 ☑点烟器 ☑玻璃升降器 ☑玻璃
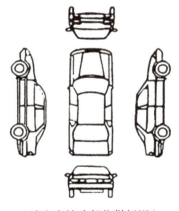 （请在有缺陷部位做标识）	物品确认：（有√ 无×）  贵重物品提示 ☑工具 ☑备胎 ☑灭火器 ☑其他（ ） 旧件是否交还用户 ☑是 □否 用户是否需要洗车 ☑是 □否

检测费说明：本次检测的故障如用户在本店维修，检测费包含在修理费用内；如用户不在本店维修，请您支付检测费。本次检测费：¥××××元。

贵重物品：在将车辆交给我店检查修理前，已提示将车内贵重物品自行收起并保存好，如有遗失恕不负责。

接车员：张×× 用户确认：赵××

一、进气系统

进气系统的作用是向发动机提供与负荷相适应的清洁空气，同时测量和控制进入发动机气缸的空气。进气系统主要由空气滤清器、空气流量传感器、进气压力传感器、进气软管、节气门体、进气总管、进气歧管等组成。

1. 空气滤清器

空气滤清器的主要作用是过滤流向进气道的空气，防止空气中的灰尘、砂粒等进入气缸，以减少气缸、活塞和活塞环等零件的磨损，延长发动机的使用寿命。

空气滤清器一般由滤芯和壳体两部分组成，按其滤清方式可以分为惯性式和过滤式，按是否用机油可以分为干式和湿式。现在常用的是纸质干式空气滤清器，其结构如图 6-2-1 所示。

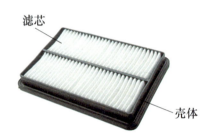

滤芯

壳体

图 6-2-1　纸质干式空气滤清器

纸质干式空气滤清器滤芯材料为滤纸或无纺布。为了增加空气通过面积，滤芯大都加工出许多细小的褶皱。其滤清效率较高，灰尘的透过率仅有0.1%～0.4%。当空气流经空气滤清器时，大颗粒的杂质被隔离并留在滤芯内，防止其流入进气道。

2. 空气流量传感器

空气流量传感器是测量发动机进气量的装置，它将吸入的空气量转换成电信号发送给发动机 ECU。该信号作为确定基本喷油量和基本点火提前角的信号之一，决定了发动机的动力性、经济性和排放指标等。空气流量传感器安装于空气滤清器和节气门之间。

（1）空气流量传感器的分类　根据测量原理不同，空气流量传感器分为翼片式、卡门旋涡式、热线式及热膜式等几种。其中，翼片式和卡门旋涡式空气流量传感器为气体体积流量测量式，而热线式和热膜式空气流量传感器为气体质量流量测量式。现代汽车主要采用质量流量测量式的空气流量传感器，即热线式空气流量传感器和热膜式空气流量传感器两种，如图6-2-2所示。

a）热线式空气流量传感器　　　　b）热膜式空气流量传感器

图 6-2-2　空气流量传感器外形

（2）空气流量传感器的结构　热线式与热膜式空气流量传感器主要由发热元件（热丝或热膜）、温度补偿电阻（冷丝或冷膜）、信号取样电阻和控制电路等组成。热膜式空气流量传感器是热线式传感器的改进产品，是将热丝电阻制成金属膜并与其他桥式电阻一起集成在陶瓷底板上。热膜式空气流量传感器内部的进气通道上设有一个矩形护套，相当于取样管，热膜电阻设在护套中。为了防止污物沉积到热膜电阻上而影响测量精度，在护套的空气入口一侧设有空气过滤层用以过滤空气中的污物。为了防止进气温度变化使测量精度受到影响，在护套内还设有一个铂膜式温度补偿电阻。温度补偿电阻设置在热膜电阻前面靠近空气入口一侧。温度补偿电阻和热膜电阻与传感器内部控制电路连接，控制电路与线束插接器插座连接，线束插座设在传感器壳体中部，如图6-2-3所示。

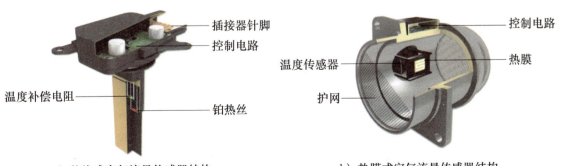

a）热线式空气流量传感器结构　　　　b）热膜式空气流量传感器结构

图 6-2-3　空气流量传感器结构

3. 进气压力传感器

进气压力传感器位于节气门后方的进气总管或进气歧管上，把进气压力信号转变成电信号。它由壳体、压力转换元件、混合集成电路、输出端子和滤清器等组成，如图 6-2-4 所示。

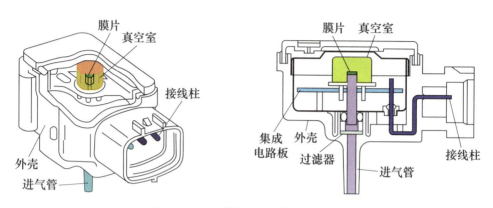

图 6-2-4　进气压力传感器结构

压力转换元件是利用半导体的压阻效应制成的硅膜片，封装在真空室内。硅膜片的一面是真空，另一面与进气歧管相通，进气歧管的压力作用于硅膜片上。为避免温度变化对信号电压的影响，硅膜片表面还制有温度补偿电路。混合集成电路的作用是对转换元件输出的电压信号进行放大处理。过滤器对来自进气歧管的气体进行滤清，去除气体中的杂质和水分。

4. 进气温度传感器

进气温度传感器多集成在空气流量传感器或进气压力传感器中，用于检测进气温度。进气温度传感器的类型多为负温度系数电阻型，其结构如图 6-2-5 所示。当进气温度升高时，电阻阻值减小；而当进气温度降低时，电阻阻值增大。由于进气温度传感器电路中电阻的变化导致了电压的波动，从而产生了一个不同的电压信号，ECU 便是通过该电压信号计算得出进气气流的实际温度并由此修正发动机喷油和点火的。

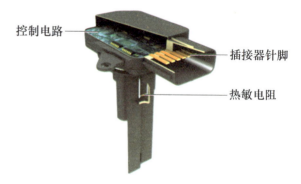

图 6-2-5　进气温度传感器结构

5. 节气门体

节气门体位于空气流量传感器之后的进气管上。其作用是根据发动机所需能量控制节气门的开启角度，进而调节进气量的大小。节气门体主要由节气门位置传感器、节气门驱动电动机和节气门组成，它们一般被封装为一体，如图 6-2-6 所示。

图 6-2-6 节气门体结构

（1）节气门位置传感器 节气门位置传感器安装在节气门体上节气门轴的一端，用于检测节气门开度的大小和变化的快慢，并把位置信号转变为电信号后输入 ECU，ECU 根据节气门位置传感器判别发动机的各种工况，控制混合气浓度和点火正时。目前发动机电控系统主要采用的节气门位置传感器有滑动电阻器式和霍尔元件式两种。

（2）节气门驱动电动机 节气门驱动电动机一般为直流电动机，经过两级齿轮减速来控制节气门开度。控制单元通过调节脉宽调制信号的占空比来控制直流电动机转角的大小，电动机方向则是由和节气门相连的复位弹簧控制。电动机输出转矩与脉宽调制信号的占空比成正比。当占空比一定，电动机输出转矩与复位弹簧阻力矩保持平衡时，节气门开度不变；当占空比增大时，电动机驱动力矩克服复位弹簧阻力矩，节气门开度增大；反之，当占空比减小时，电动机输出转矩和节气门开度也随之减小。

6. 进气管

进气管包括进气总管和进气歧管。进气总管具有稳压的功能，可减小由于气缸进气而产生的空气脉动。进气总管上一般装有节气门体、进气压力传感器、空气流量传感器等。进气歧管一般采用一缸一根式，但为了增加进气气流速度，一缸二根进气歧管的使用也相当广泛（即多气门发动机）。为了保证各缸配气的均匀，对进气总管和进气歧管在形状、长短、容积等方面都提出了严格的设计要求。进气总管与进气歧管有的制成整体的，有的分开制造再以螺栓连接。整体式进气总管与进气歧管结构如图6-2-7所示。

图 6-2-7　整体式进气总管与进气歧管

二、排气系统

排气系统的主要作用是汇集各气缸的废气，减小排气噪声，消除废气中的火焰和火星，控制废气中有害物质的排放，使废气安全地排入大气中。排气系统主要由排气歧管、排气总管、三元催化转化器、排气消声器、排放控制系统等组成。

1. 排气歧管和排气总管

排气歧管是与发动机气缸相连，将各缸排气集中起来导入排气总管，带有分支的管路。为了便于预热进气歧管，有些发动机进、排气歧管安装在同一侧。

排气总管安装在排气歧管与排气消声器之间。有的排气总管中间设置有排气波纹管（图6-2-8），使整个排气系统呈挠性连接，起到减振降噪、方便安装和延长排气消声系统寿命的作用。

因排气温度较高，排气歧管和排气总管一般用铸铁或薄钢板制成，其结构如图6-2-9所示。

图 6-2-8　排气波纹管　　　　图 6-2-9　排气歧管和排气总管

2. 排气消声器

排气消声器的作用是降低从排气管排出废气的温度和压力，以消除火星和噪声。如图 6-2-10 所示，排气消声器一般由外壳、进口管、出口管和隔板组成。隔板在外壳内隔成几个尺寸不同的滤声室。

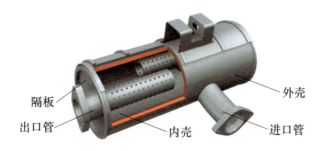

图 6-2-10　排气消声器结构

排气消声器通常采用吸收式和反射式。其基本原理是消耗废气流的能量，平衡气流的压力波动。

吸收式消声器：通过废气在玻璃纤维、钢纤维和石棉等吸音材料上的摩擦，从而减少废气的能量。

反射式消声器：多个串联的谐调腔与长度不同的多孔反射管相互连接在一起，废气在其中经过多次反射、碰撞、膨胀、冷却而降低压力，从而减轻了废气的能量。

3. 三元催化转化器

三元催化转化器是安装在汽车排气系统中最重要的机外净化装置，它可将汽车尾气排出的 CO、HC 和 NO_x 等有害气体通过氧化和还原作用转变为无害的 CO_2、H_2O 和 N_2，使汽车尾气得以净化，如图 6-2-11 所示。

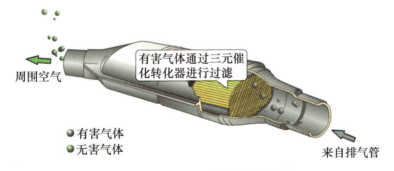

有害气体通过三元催化转化器进行过滤

周围空气

● 有害气体
● 无害气体

来自排气管

图 6-2-11　三元催化转化器的功用

4. 排放控制系统

（1）曲轴箱强制通风（PCV）系统　曲轴箱强制通风系统是利用发动机进

气管道内的真空作用，将曲轴箱内的气体强制吸入气缸中重新燃烧。其优点是既可以减少排气污染，又能提高发动机的经济性。如图 6-2-12 所示，曲轴箱强制通风系统主要由 PCV 阀、软管等组成。

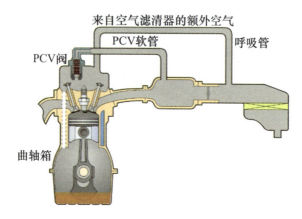

图 6-2-12　曲轴箱强制通风系统

（2）废气涡轮增压系统　废气涡轮增压是指利用发动机排出的高温高压废气能量，驱动涡轮作高速旋转，带动同轴上的压缩机，对燃烧所需的空气进行预压缩。在发动机排量和转速不变的情况下，废气涡轮增压系统可增加流入发动机的空气量，提高进气效率，从而提高发动机功率。

废气涡轮增压系统包括同轴的涡轮与叶轮等，如图 6-2-13 所示。涡轮和压气机叶轮都有很多叶片，从气缸排出的废气直接进入涡轮，并推动涡轮旋转，带动叶轮旋转，将吸入的空气增压后送入气缸。

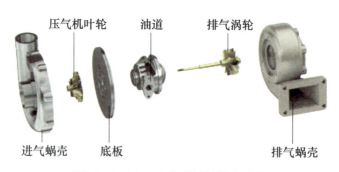

图 6-2-13　废气涡轮增压系统

（3）废气再循环（EGR）系统　废气再循环（EGR）系统的作用是将适量废气重新引入气缸内参加燃烧，降低气缸内的最高温度，从而减少 NO_x 的排放量，如图 6-2-14 所示。

过量废气参与再循环将会影响混合气的点火性能，从而影响发动机的动力性，特别是在发动机息速、低速、小负荷及冷机时，再循环的废气会明显影响发动机性能。因此当发动机在息速、低速、小负荷及冷机时，ECU 通过 EGR 阀控制废气不参与再循环；当发动机超过一定的转速、负荷及达到一定的温度时，ECU 通过 EGR 阀控制少量废气参与再循环。

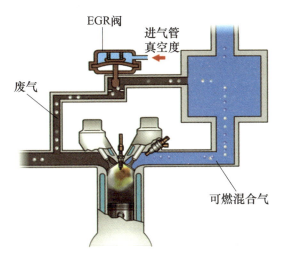

图 6-2-14 废气再循环（EGR）系统

三、空气滤清器及节气门体的拆装注意事项

以 2018 款别克威朗轿车为例：

1）拆卸空气滤清器时，请勿使用边缘锋利的工具来拔下软管，以免损坏管接头和真空软管。

2）禁止用水或油清洁空气滤清器滤芯。

3）当空气滤清器滤芯出现破裂、穿孔或者滤纸与端盖脱胶等问题时，应立即更换。

4）更换空气滤清器滤芯时，滤芯上的密封垫必须正确安装在原位，以防止空气不经滤清器进入气缸。

5）固定空气滤清器外罩的螺母时，不能拧得过紧，以免压坏滤芯。

6）绝不允许用砂纸或刮刀等清理节气门积垢和结胶，以免损伤节气门内腔，影响发动机正常工作。

四、空气供给系统主要部件的检修

以 2018 款别克威朗轿车为例进行相关检查操作。

1. 空气滤清器的清洁与更换

空气滤清器在使用的过程中会出现变脏的情况。随着滤芯变脏，流过滤芯的空气量将会减少。如果进气量不足，发动机就不能产生应有的功率，其燃油效率也不会达到应有的水平。

当发动机的空气滤清器被堵塞时，会导致汽车加速缓慢或者不能达到其巡航速度。在通常情况下，发动机不会熄火，但对加速踏板不产生反应。当滤清器被严重堵塞时，发动机可能无法起动或者起动后就停止运转。

空气滤清器在使用 4000～8000km 时应进行除尘，通常在使用 20000～25000km 时应更换滤芯和密封圈。空气滤清器的清洁与更换步骤如下：

1）拧出空气滤清器壳体上的固定螺栓。

2）拔下空气滤清器壳体与进气管连接的软管。

3）取下空气滤清器上壳体并取出空气滤清器滤芯。

4）清洁空气滤清器下壳体，用压缩空气吹净空气滤清器壳体中的杂物并用抹布擦干净。

5）观察拆下的空气滤清器滤芯的外观及干净程度，如图 6-2-15 所示。如果空气滤清器滤芯严重发黑，则需要更换滤芯，更换时请注意废弃处理规定；如果不严重则用压缩空气沿空气进气的反方向吹净滤芯内外表面的灰尘，对滤芯进行清洁。

a）旧的空气滤清器　　　　　　　b）新的空气滤清器

图 6-2-15　新旧空气滤清器对比

6）安装新的或者清洁过的空气滤清器滤芯，注意空气滤清器滤芯的安装方向。

7）安装空气滤清器上壳体，并拧紧空气滤清器壳体上的固定螺栓。

8）清洁空气滤清器外壳体。

2. 节气门体检修

电喷汽油发动机在使用一定的里程后，节气门表面会积累很多油泥。发动机的工作时间越长，积累的脏物越多，达到一定的程度时就会直接影响到怠速，导致怠速不稳，同时也会增加油耗。除了出现怠速不稳时需要清洗节气门外，未出现故障前也应同正常维护一样，定期进行清洗。如果车辆所在的使用环境比较恶劣，尘土较多，建议每20000km清洗一次；如果使用环境比较清洁，可以每30000~40000km清洗一次。

节气门清洁步骤如下：

1）拆下连接在节气门体的进气管卡箍。

2）将进气管取下或者拆下节气门阀体。

3）如图6-2-16所示，检查节气门体内腔的积垢和结胶情况，必要时用清洗剂清洗。

4）如图6-2-17所示，使用"化油器清洗剂"清洗节气门内部及扇形阀门上的污渍等。清洗过程中可以用干净的布进行擦拭。

图6-2-16　检查节气门油污情况　　　　图6-2-17　清洗节气门

3. 曲轴箱强制通风（PCV）系统的测试

若曲轴箱强制通风（PCV）系统工作不正常，则会加速零件磨损，缩短发动机的寿命，还会引起发动机不易起动、怠速不稳、加速无力或耗机油等故障。因此，当汽车出现上述故障时，需对PCV系统进行测试，为故障诊断提供依据。

测试PCV系统工作是否正常，一般可用转速下降法或真空测试法。

（1）转速下降法　接上转速表，使发动机达到正常工作温度。在怠速情况下，夹住 PCV 阀与真空源之间的管路，发动机转速应下降 50r/min 或更多。否则，要检查 PCV 阀和管路是否堵塞，必要时进行清洗或更换。

（2）真空测试法

1）使发动机在正常工作温度下怠速运转，将 PCV 阀从气门室盖上拔下。拔下 PCV 阀后，应能听到空气流过时产生的"嗞嗞"声。手指放在 PCV 阀的进气口上，应感到很强的真空吸力。

2）装好 PCV 阀，将曲轴箱通风孔或机油加油口盖取下。在发动机处于怠速运转时，将一张轻薄的硬纸轻轻放在开口上，在 60s 内，应能感觉到真空将纸吸附在开口上。

3）熄灭发动机，取下 PCV 阀，摇动 PCV 阀应听到"咯咯"声，否则更换该 PCV 阀。

上述测试结果如果都正确，则说明 PCV 系统工作正常；若任一项测试结果不正确，则需要更换相应元件并重新测试。

4. 废气涡轮增压系统的检查

涡轮增压系统出现故障可能会造成很多问题，如发动机功率不足，排气冒蓝烟或黑烟，机油消耗过大，涡轮增压器有噪声，压气机或涡轮密封机油漏洞等。引起涡轮增压器故障的主要因素有机油不足、机油中混入杂质及从进气口中吸入杂质等。为了防止这些故障的出现，对废气涡轮增压系统定期进行维护和检查是必要的。

1）目测软管、垫片和管道装配是否正确，有无损伤、磨蚀。如破损或变质，将使涡轮装置不能正常工作，导致增压过高或过低。

2）检查进气负压或空气滤清器真空泄漏情况。检查时可向进气系统注入丙烷，观察发动机转速和空气滤清器真空度，同时检测碳氢化合物水平。丙烷通过漏气处，空气滤清器真空度和发动机转速会增加，碳氢化合物水平会下降。

3）检查涡轮增压器。

① 仔细观察增压涡轮和动力涡轮是否存在弯曲、破裂或过度磨损现象。

② 检查涡轮壳体内部是否存在由于轴的摆动范围过量、进入脏物或润滑不当而造成的磨损或冲击损伤。用手旋转涡轮，手感阻力应是均匀的，不应过大，转动应无黏滞感，无擦伤或任何接触。

③ 由于对轴承间隙有严格要求，故应按生产厂规定的程序检查轴向和径向

间隙，若不符合要求，则应更换涡轮增压器。

⚠️ **思考** 废气涡轮增压的原理是什么？它有什么样的优点？

5. 废气再循环（EGR）装置的检修

废气再循环装置故障会导致发动机怠速不稳或污染排放物增加。在检修时可遵循以下步骤：

（1）废气再循环装置工作状态检查

1）起动发动机，并以怠速运转。

2）用手按住废气再循环阀膜片，检查 EGR 电磁阀有无动作。

3）在冷车状态下踩下加速踏板，使发动机转速上升至 2000r/min 左右，此时 EGR 电磁阀未开启，因此应感觉不到膜片的动作。

4）当冷却液温度高于 500℃时，踩下加速踏板，使发动机转速上升至 2000r/min 左右，此时电磁阀已开启，因此应能感觉到膜片的动作。

若电磁阀不能按照上述规律动作，则说明该装置有故障。

（2）废气再循环阀的检查

1）起动发动机，使其怠速运转。

2）拔下连接电磁阀和废气调整阀的真空软管。

3）用手动真空泵对废气再循环膜片室施加约 19.95kPa 的真空度，此时，若发动机怠速性能变差，甚至熄火，说明电磁阀工作正常；若发动机运转性能无变化，说明电磁阀损坏，应更换。

若不符合上述要求，说明 EGR 电磁阀控制系统工作不正常，应查明故障原因，予以排除。

⚠️ **思考** 废气再循环装置的作用是什么？汽车上还有哪些装置能够降低 NO_x 的排放？

✏️ 课程育人

20 世纪 80 年代初，中国航空工业第 116 厂在国家政策指引下，创办平原滤清器有限公司（以下简称平原滤清器），将过滤器等航空附件的研制生产移植于民品发展，聚焦车用及工程机械滤清器产业。

通过多年来的不懈努力，平原滤清器从最初单一的"车用三滤"产品升级到系统化、多样化，囊括了内燃机和各类车辆的燃油、润滑、进气、排气四大系统。其研发的"平原牌"滤清器早在 2005 年就获得国内滤清器行业中第一个中国驰名商标，更是研发了众多具有完全自主知识产权的汽车排放净化系统产品，可使排放达到国Ⅳ、国Ⅴ以上标准，填补了国内技术空白。2018 年其研发的一款新型空气滤清器滤芯继获得国家、国际实用新型专利证书后，又获得了审批更严格的德国专利证书，成为我国车用滤清器领域的排头兵。

平原滤清器的这些成就离不开其在产品质量上的严格把关，更离不开与多所大学的长期合作，使其自主研发能力走在行业前列。现在的平原滤清器与潍柴动力、上汽集团、东风集团等企业建立了战略合作伙伴关系，产品随整车出口到 46 个国家和地区，是国内生产滤清器规模最大、品种最全的生产厂家之一。

⚠️ **思考** "平原滤清器"为何能成为经久不衰的国产大品牌？

✏️ **巩固提升**

一、选择题

1. 下列对空气滤清器描述不正确的是（　　　）。

    A. 空气滤清器一般由滤芯和壳体两部分组成

    B. 现在常用的是纸质湿式空气滤清器

    C. 按其滤清方式可以分为惯性式和过滤式

    D. 纸质干式空气滤清器滤清效率较高，灰尘的透过率仅有 0.1%～0.4%

2. 节气门体主要由（　　　）组成，且被封装为一体。

    A. 节气门位置传感器、节气门驱动电动机、节气门

    B. 进气压力传感器、节气门驱动电动机、节气门

    C. 曲轴位置传感器、节气门

    D. 节气门位置传感器、进气压力传感器、节气门驱动电动机、节气门

3. 下列关于排气系统说法正确的是（　　　）。

    A. 三元催化转化器的作用是消除废气中的火焰和火星

    B. 排气消声器可以控制废气中有害物质的排放

    C. 排气歧管和排气总管一般用铸铁或薄钢板制成

    D. 排气消声器的作用是降低从排气管排出废气的温度和压力，以消除火星和噪声

4. 排放控制系统主要包括（　　　）。

　　A. 曲轴箱强制通风（PCV）系统

　　B. 废气涡轮增压系统

　　C. 废气再循环（EGR）系统

　　D. 以上都对

5. 下列对空气滤清器滤芯清洁方法描述正确的是（　）。

　　A. 用水清洗

　　B. 用机油清洗

　　C. 用压缩空气沿空气进气的反方向清洁

　　D. 用压缩空气沿空气进气的方向清洁

二、判断题

1. 根据测量原理不同，空气流量传感器可分为翼片式、卡门旋涡式、热线式及热膜式等几种。（　　）

2. 进气温度传感器多集成在空气流量传感器或进气压力传感器中。（　　）

3. 废气涡轮增压系统是利用发动机进气管道内的真空作用，将曲轴箱内的气体强制吸入气缸中重新燃烧。（　　）

4. 节气门上的积垢和结胶可以用砂纸或刮刀等清理。（　　）

5. 废气再循环装置故障会导致发动机怠速不稳或污染排放物增加。（　　）

任务三 燃油供给系统的拆装与检查

情景导入

客户贾先生驾驶一辆 2018 款别克威朗轿车，近期车辆出现难以起动现象，并且有时还伴随有汽油味。维修技师检测及路试检查后发现喷油器密封件老化，燃油泄漏过多导致油压不足。为了确定故障原因，需对燃油供给系统做进一步检查。作为汽车维修技师，请仔细查看服务顾问提供的汽车问诊表，并针对故障进行后续处理。

接车问诊表

车牌号：黑A×××× 　车架号：LSGBC×××××123456 　行驶里程：70000（km）
用户名：贾×× 　电话：150××××2112 　来店时间：2022.9.1
用户陈述及故障发生时的状况：近期车辆出现难以起动现象，并且有时还伴随有汽油味
接车员检测确认建议：对燃油供给系统做进一步检查
车间检测确认结果及主要故障零部件：
车间检查确认者：

外观确认：	功能确认：（工作正常√　不正常×）
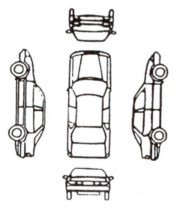 （请在有缺陷部位做标识）	☑音响系统　☑门锁（防盗器）　☑全车灯光 ☑工具　☑后视镜　☑天窗　☑座椅 ☑点烟器　☑玻璃升降器　☑玻璃 物品确认：（有√　无×）  贵重物品提示 ☑工具　☑备胎 ☑灭火器　☑其他（　　） 旧件是否交还用户 ☑是　□否 用户是否需要洗车 ☑是　□否

检测费说明：本次检测的故障如用户在本店维修，检测费包含在修理费用内；如用户不在本店维修，请您支付检测费。本次检测费：¥××××元。

贵重物品：在将车辆交给我店检查修理前，已提示将车内贵重物品自行收起并保存好，如有遗失恕不负责。

接车员：张×× 　用户确认：贾××

燃油供给系统的作用是存储、过滤燃油，并且为发动机提供充足的、满足不同工况需要的压力雾化燃油。按喷射的位置不同，燃油供给系统可分为进气管喷射燃油供给系统和燃烧室直接喷射燃油供给系统两类。

一、进气管喷射燃油供给系统

进气管喷射燃油供给系统主要由燃油箱、电动燃油泵、燃油滤清器、燃油压力调节器、油轨、喷油器等部件组成。其中，电动燃油泵、燃油滤清器、燃油压力调节器等组成一体，一起组合安装在燃油箱内，如图 6-3-1 所示。

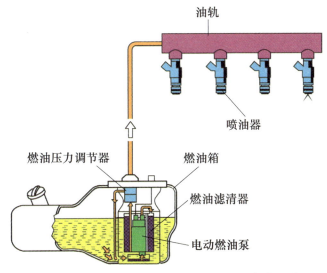

图 6-3-1　进气管喷射燃油供给系统的组成

1. 燃油箱

燃油箱的作用是储存汽油，其容量通常可供汽车行驶 300～600km。普通汽车只有一个燃油箱，越野汽车则常有主、副两个燃油箱。轿车上的燃油箱一般安装于底盘后部靠近后桥的位置。

燃油箱箱体是用薄钢板冲压件焊接而成，其上部设有加油管，燃油箱上表面装有燃油量传感器和出油管，如图 6-3-2 所示。加油管上部由油箱盖盖住，加油管管内带有可拉出的延伸管，延伸管底部有滤网，加油时可滤去杂质。出油管上端与燃油滤清器相通，下端伸入油箱底部但距离箱底有一段距离，以防止吸出沉淀的杂质和水分。燃油箱内装有隔板，可减轻汽车行驶时汽油的振荡。油箱底部有放油螺栓，用以排除箱内的积水和污物。

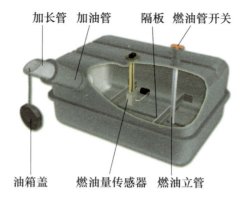

加长管　加油管　　隔板　燃油管开关

油箱盖　　燃油量传感器　燃油立管

图 6-3-2　燃油箱的结构

2. 电动燃油泵

（1）电动燃油泵的功用　电动燃油泵的功用是将燃油从燃油箱内吸出，为发动机燃油供给系统提供足够的、具有规定压力的燃油。电动燃油泵应满足以下几点要求：

1）在额定电压下，保持 60~200L/h 的输油量。

2）输出压力在 300kPa 以上。

3）电压为额定电压的 50%~60% 时，能提供保证起动的喷油压力。

（2）电动燃油泵的类型

1）按电动燃油泵的安装位置分类：按电动燃油泵的安装位置的不同，电动燃油泵可分为外装式和内装式。其中，外装式电动燃油泵安装在燃油箱外低于燃油箱的位置，在大排量汽车上常作为第二级增压泵；内装式电动燃油泵安装在燃油箱内，淹没在燃油中，现已被广泛采用。

2）按电动燃油泵的结构分类：按电动燃油泵的结构的不同，电动燃油泵可分为涡轮式、滚柱式和齿轮式，如图 6-3-3 所示。现代汽车几乎全部采用涡轮式或齿轮式电动燃油泵。

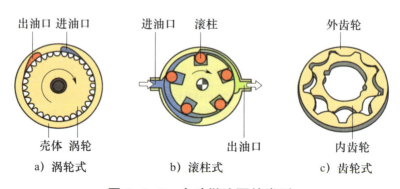

出油口　进油口　　　　进油口　滚柱　　　　　　外齿轮

壳体　涡轮　　　　　　　出油口　　　　　　　内齿轮

a）涡轮式　　　　　　b）滚柱式　　　　　　c）齿轮式

图 6-3-3　电动燃油泵的类型

（3）电动燃油泵的结构　涡轮式电动燃油泵主要由永磁电动机（转子、永久磁铁、壳体、换向器）、涡轮、单向阀（弹簧、钢球）、限压阀（也称安全阀）和滤网等组成，如图6-3-4所示。其中，电动机部分包括固定在外壳上的永久磁铁和产生电磁力矩的电枢（转子）以及安装在外壳上的电刷装置。电刷与电枢上的换向器相接触，其引线连接到外壳的接柱上，将控制电动燃油泵的电压引到电枢绕组上。电动燃油泵的外壳两端卷边铆紧，使各部件组装成一个不可拆卸的总成。

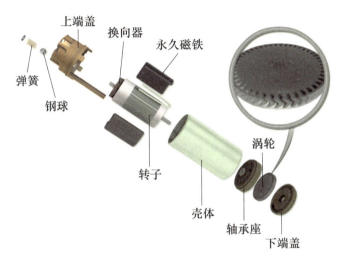

图6-3-4　涡轮式电动燃油泵的结构

（4）电动燃油泵的工作原理　涡轮式电动燃油泵的工作原理如图6-3-5所示，当外部电路向电动燃油泵供电时，电动燃油泵工作，永磁电动机带动涡轮旋转，将汽油从进油口吸入，汽油流经电动燃油泵内部，当燃油压力达到

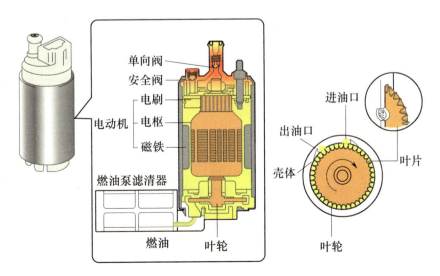

图6-3-5　涡轮式电动燃油泵的工作原理

一定值时，会顶开单向阀，经燃油泵出油口输出燃油。当油压达到 350～500kPa 时，限压阀开启，高压的燃油回流至泵的进油室。当发动机熄火油泵停转时，单向阀自动关闭，防止燃油倒流，保持油路中具有一定的残余压力，便于发动机再次起动时能及时供油而易于起动，同时还可防止高温时管路产生气阻。

3. 燃油压力调节器

喷油器的喷油量由喷射时间和喷油器的进出口相对压力决定。燃油压力调节器的作用就是调节燃油压力，使喷油器上、下压差保持恒定。燃油压力调节器安装在燃油箱内的组件中，其外形结构如图 6-3-6 所示。

4. 燃油滤清器

燃油滤清器安装在电动燃油泵后面的油路中，其作用是滤除燃油中的杂质和水分，防止燃油系统堵塞，减少机械磨损，以保证发动机正常工作。燃油滤清器由滤芯和壳体组成，壳体通常用金属或塑料制造，滤芯一般是纸质。大多数的燃油滤清器可以过滤 $10～20\mu m$ 或更大尺寸的颗粒杂质。燃油滤清器外形结构如图 6-3-7 所示。

图 6-3-6　燃油压力调节器

图 6-3-7　燃油滤清器

5. 油轨

发动机所有气缸的喷油器都连接着一根公共的矩形或圆形截面的油管，这条油管简称为燃油导轨或燃油分配管，如图 6-3-8 所示。其主要作用是将压力均匀的燃油分配给各个喷油器。油轨一端连接进油管，另一端连接燃油压力调节器或直接作为封闭端。油轨上一般安有燃油压力测试口，用来检测燃油供给系统的压力，以便维修人员快速诊断燃油供给系统的故障。

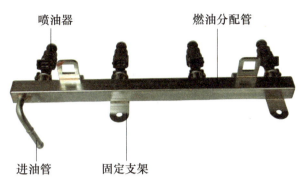

图 6-3-8　油轨的结构

6. 喷油器

（1）喷油器的功用　进气管喷射系统用的喷油器又称为低压喷油器，其功用是喷油器根据 ECU 的指令，将压力燃油雾化成较细的颗粒并喷入进气歧管末端。

（2）喷油器的类型

1）按喷油器结构的不同，喷油器可分为轴针式喷油器和轴孔式喷油器。

2）按喷油器阻值的不同，喷油器可分为低阻值喷油器（电阻为 $0.6 \sim 3\Omega$）和高阻值喷油器（电阻为 $13 \sim 16\Omega$）。

3）按喷油器的驱动方式的不同，喷油器可分为电流驱动式和电压驱动式。

（3）喷油器的结构　喷油器一般由电磁线圈、复位弹簧、衔铁、针阀和进油滤网等组成，图 6-3-9 所示为轴针式喷油器的结构。其优点是针阀前端的轴

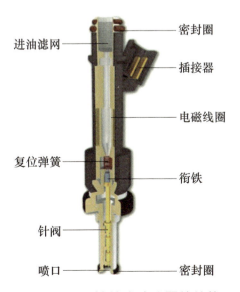

图 6-3-9　轴针式喷油器的结构

针伸入到喷口中，可使燃油以环状喷出，有利于雾化，且由于轴针在喷口中不断运动，故喷孔不易堵塞；缺点是燃油雾化质量稍差，且由于针阀质量较大，因而动态响应性较差。

（4）喷油器的工作原理　喷油器实际上是一个电磁阀，针阀与衔铁制成一体并随衔铁一起移动。当电磁线圈通电后，衔铁被吸起（针阀升程约为0.1mm），高压汽油便从喷孔喷射出去，如图6-3-10所示。当电磁线圈断电后磁力消失，针阀被弹簧压紧在阀座上，汽油因此被密封在油腔内。喷油量取决于ECU给喷油器通电的时间。

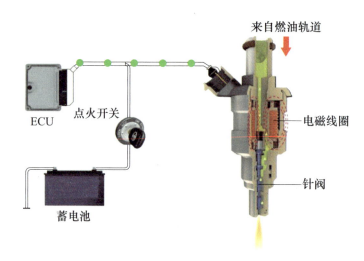

图 6-3-10　喷油器的工作原理

二、燃烧室直接喷射的燃油供给系统

燃烧室直接喷射是喷油器将燃油在发动机气缸压缩行程将近终了时喷入燃烧室。由于混合气形成时间短、气缸内压力高，所以燃油喷射压力更高（可达160MPa）。

燃烧室直接喷射的燃油供给系统由低压回路和高压回路组成。低压回路主要由油泵、油泵控制模块、低压油轨、低压燃油压力传感器等组成，系统供油压力约为0.3~0.6MPa；高压回路主要由高压油泵、高压油轨、压力调节阀、高压燃油压力传感器和喷油器组成，系统压力为5~20MPa。

1. 高压油泵

（1）高压油泵的结构　高压油泵一般为凸轮轴驱动的单柱塞泵。泵体上组合有燃油压力调节阀、高压侧限压阀和压力波动衰减器（在低压侧）。高压油泵为插接式，安装在气缸盖上，其结构如图6-3-11所示。

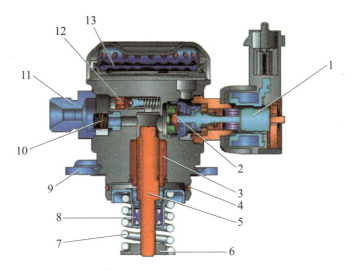

图6-3-11 高压油泵的结构

1—电磁阀 2—进油阀 3—柱塞套 4—O形圈 5—柱塞 6—弹簧座 7—弹簧 8—柱塞密封圈
9—法兰盘 10—出油阀 11—高压管接头 12—限压阀 13—可变压力波动衰减器

（2）高压油泵的工作原理 高压油泵的工作过程可分为吸油行程、回油行程和供油行程。

1）吸油行程：如图6-3-12a所示，在吸油行程中，凸轮轴驱动凸轮旋转，柱塞在柱塞复位弹簧作用下向下运动，此时进油阀在阀针弹簧的作用下打开。由于柱塞下行，柱塞上方的油腔容积增大，低压系统的燃油经进油阀被吸入泵腔内。

2）回油行程：如图6-3-12b所示，在回油行程中，凸轮开始驱动柱塞向上运动，为了使燃油量与实际油耗相一致，进油阀仍然保持打开状态，多余的燃油经进油阀被压回到低压区中，由此产生的脉动由减压器和燃油供油管内的节流阀来消除。

3）供油行程：如图6-3-12c所示，在供油行程中，凸轮继续推动柱塞上行，进油阀在进油阀弹簧力作用下关闭。由于柱塞向上运动，泵腔被封闭且容积减小，泵腔内建立起油压。当泵腔内的油压高于油轨内的油压时，出油阀被压开，燃油被泵入油轨内。

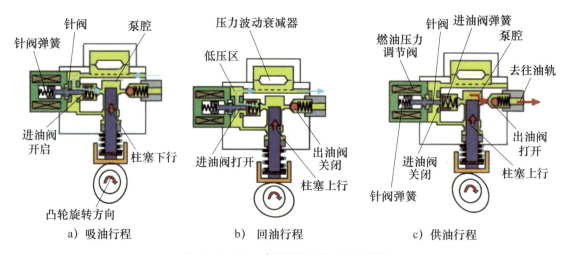

图 6-3-12　高压油泵的工作过程

2. 高压油轨总成

　　高压油轨为圆形结构，可承受很高的压力而不变形，它安装在气缸盖上，油轨上安装有喷油器和高压燃油压力传感器，如图 6-3-13 所示。高压油轨存储来自高压油泵输送的燃油，并将高压燃油分配给每个喷油器，保证各个喷油器的燃油压力均等。

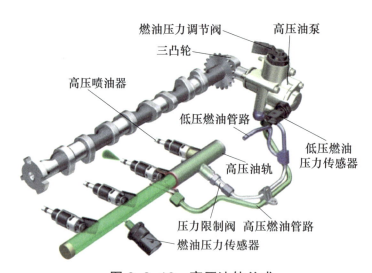

图 6-3-13　高压油轨总成

3. 高压喷油器

　　高压喷油器安插在缸盖内，它们将高压燃油直接喷入气缸。如图 6-3-14 所示，喷油器上用支撑环压靠在高压油轨上，下端有径向定位装置，保证喷油器与安装座的均匀接触。喷油器有一长而细的端头，这种结构可以使高压燃油得到冷却。它的末端加工有 6 个精密的喷孔，以保证喷射后的燃油呈圆锥形的雾状。为了提高喷油器的响应性，缸内直喷发动机的喷油器一般都为低阻式喷油器。

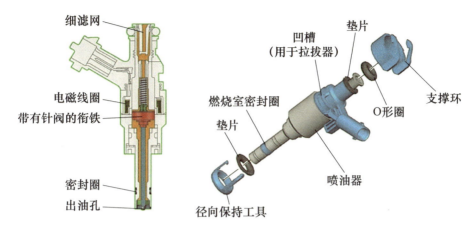

图 6-3-14 高压喷油器的结构

三、高压油轨总成及高压喷油器的拆装注意事项

以 2018 款别克威朗轿车为例：

1）汽油或汽油蒸气非常容易燃烧，如果存在火源可能会导致火灾。为防止火灾或爆炸危险，切勿使用敞口容器排出或存放汽油。请在附近准备一个干式化学（B 级）灭火器。

2）处理燃油时，务必戴好安全眼镜，以防燃油溅入眼睛。

3）在拆卸高燃油压力部件之前，务必将燃油系统卸压。

4）卸去燃油系统压力后，维修燃油管路、燃油泵或接头时，会溢出少量燃油。为降低人身伤害的风险，在断开前用车间抹布盖住燃油系统部件，以吸附泄漏的燃油。断开连接完成后，将抹布放入许可的容器内。

5）在对燃油导轨和喷油器进行操作时，务必保持工作面清洁。如果未使工作面保持干净，则可能造成喷油器密封件污染，并造成泄漏。

6）拆卸高压油轨时，应使用专用工具（EN-51146-1-6）拆卸螺钉。如果使用不正确的工具拆卸螺钉，则可能造成气缸盖损坏。

7）在安装喷油器前，应用少量发动机机油涂抹喷油器密封件。

8）安装喷油器时，不可重复使用旧的喷油器螺栓。

9）拆装完成后，应进行高压油轨总成泄漏测试，检查燃油系统是否泄漏。

四、燃油供给系统主要部件的检修

以 2018 款别克威朗轿车为例进行相关检查操作。

1. 燃油压力的检测

（1）卸去燃油压力　在维修燃油系统前，先拆下燃油箱盖并卸去燃油系统压力，以降低人身伤害的风险。

在没有故障诊断仪的情况下，可用替代方法。操作如下：

1）松开燃油加注口盖，以释放燃油箱蒸气压力。

2）将燃油泵熔丝从发动机舱熔丝盒上拆下，以禁用燃油泵。

3）将点火开关置于"ON"位置，并使发动机怠速运转直至发动机停止（发动机约在 5~20s 内停止）。

4）尝试重新起动车辆，以确保压力已降至最低水平。

5）关闭点火开关，紧固燃油加注口盖。

（2）燃油供给系统压力检测

1）清洁需拆卸低压油管接口表面，将抹布垫在接口处，松开低压油管接口管夹，慢慢地脱开管路接口。

2）选择合适的转换接管，将燃油压力表接到拆开的管路接口上，如图 6-3-15 所示。

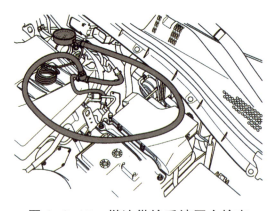

图 6-3-15　燃油供给系统压力检查

3）插回燃油泵熔丝，起动发动机怠速运转，观察油压是否在规定值（345~650kPa）以内。若油压过高，则应更换燃油泵；若油压过低，则检查燃油供油前管单向阀是否堵塞或错位，机油滤清器、供油管是否堵塞，燃油泵的线束插接器和搭铁电路是否连接不良，如果存在任何一种情况，必要时进行修理。

4）将发动机熄火并静待10min，观察系统保持油压是否在规定值（300～400kPa）以内。若油压过低，则检查燃油供油前管单向阀是否堵塞或错位，机油滤清器、供油管是否堵塞，燃油泵的线束插接器和搭铁电路是否连接不良，如果存在任何一种情况，必要时进行修理。

⚠ **思考** 为什么要先卸压并检查燃油压力，如果不按此操作可能会造成什么样的结果？

2.喷油器的检修

（1）诊断方法 喷油器的诊断方法主要有以下几种：

1）用故障诊断仪读取喷油器故障码。

2）听诊法。在发动机怠速时，用螺钉旋具或听诊器听诊每个喷油器发出的"嗒嗒"声。如果某个喷油器没有发出"嗒嗒"声，可能为该喷油器或其控制电路故障。点火开关接通，发动机没有起动时，用故障诊断仪的"执行元件测试"功能驱动喷油器，如果喷油器没有"嗒嗒"声，则为该喷油器或其控制电路故障。

3）断缸法。分别拔下每个喷油器线束插头，起动发动机并怠速运转，观察断开每个喷油器时发动机怠速的变化情况，如果断开某个喷油器时发动机怠速无变化，说明该喷油器工作不良或不工作。使用故障诊断仪进行断缸操作更为方便、可靠。

4）发光二极管法。拔下喷油器线束插头，将二极管试灯用转换插接器串接到线束插头的两端子之间。起动发动机观察二极管试灯。如果试灯不闪烁，则喷油器的供电或控制电路故障；如果试灯闪烁，则喷油器的供电和控制电路没有故障。

（2）检测喷油器电阻 拔下喷油器线束连接端子，用数字万用表检测喷油器两端子之间的电阻值是否在1.35～1.65Ω之间，若阻值异常，则应更换喷油器。

3.燃油泵的检修

（1）诊断方法 当点火开关从断开位置转到接通的瞬间，可听到油箱中的燃油泵转动的"嗡嗡"声。可用故障诊断仪的"元件测试"功能驱动燃油泵工作听燃油泵转动声。如果听不到声响，则为燃油泵或燃油泵电路故障。此时用木棍敲击油箱，重新驱动油泵，如果能听到油泵的转动声音，则为油泵卡滞故障。

（2）检测燃油泵电阻　用数字万用表检测燃油泵两个端子之间的电阻是否在 0.2~3.0Ω 之间，若不符合标准，则更换电动燃油泵。也可在燃油泵的两个端子之间施加蓄电池电压，检查并确认燃油泵是否工作。如果电动机不工作，则应更换燃油泵。

📝 课程育人

"如果说发动机是汽车的心脏，油泵油嘴燃油系统就是发动机的心脏，电控共轨系统就是发动机的大脑＋心脏"。说此话的人，正是中国一汽油泵油嘴研究所原所长朱建明。

"一汽"在中国人心目中的地位是无法撼动的，提起它，可谓无人不知，无人不晓。但是说到中国一汽无锡油泵油嘴研究所（以下简称"无油所"），恐怕没有几个人知道。而这里曾是朱建明一生奋斗的主战场，他与同行、战友们夜以继日不懈奋斗和追求，才最终摘得两颗"皇冠上的明珠"：一颗是高压电控共轨技术，一颗是精密加工机床国产化。

建国初期，国家并没有把油泵油嘴行业作为重点发展产业，后来发现，缺少了优质的油泵油嘴，会制约汽车、农业机械、船舶、内燃机等行业发展，这对处于建设关键期的我国影响巨大。当今日中国取得众多辉煌成就之时，不得不感叹当年决策的正确。而曾任无油所所长的朱建明也满怀自豪，回望自己的职业生涯，在他的任期内，无油所攻克世界级难题，自主研发高压共轨系统技术，打破了跨国公司的垄断，使中国成为继德、美、日三国之后，第四个攻克这一尖端技术的国家。

⚠️ **思考**　对照朱建明的职业生涯，你认为个人成长与国家发展之间的关系是怎样的？

📝 巩固提升

一、选择题

1.下列对进气管喷射燃油供给系统电动燃油泵应满足的条件说法正确的是（　　）。

　　A.在额定电压下，保持 10~100L/h 的输油量

B. 输出压力在 300kPa 以上

C. 电压为额定电压的 80%~90% 时，能提供保证起动的喷油压力

D. 以上都正确

2. 燃烧室直接喷射的燃油供给系统高压回路主要由（　　　）等组成。

A. 油泵、油泵控制模块、低压油轨、低压燃油压力传感器

B. 油泵、低压油轨、低压燃油压力传感器

C. 高压油轨、油泵控制模块、压力调节阀、高压燃油压力传感器、喷油器

D. 高压油泵、高压油轨、压力调节阀、高压燃油压力传感器、喷油器

3. 为了提高喷油器的响应性，缸内直喷发动机的喷油器一般为（　　　）。

A. 低阻式喷油器

B. 高阻式喷油器

C. 闭式喷油器

D. 以上都可以

4. 高压油泵的工作过程依次为（　　　）。

A. 供油行程、吸油行程、回油行程

B. 吸油行程、回油行程、供油行程

C. 吸油行程、供油行程、回油行程

D. 供油行程、回油行程、吸油行程

5. 在检测 2018 款别克威朗轿车燃油压力时，怠速运转中油压规定值应为（　　　）。

A. 300~345kPa　　　　B. 345~550kPa

C. 500~650kPa　　　　D. 345~650kPa

二、判断题

1. 燃油箱的作用是储存汽油，其容量通常可供汽车行驶 300~600km。

（　　）

2. 大多数的燃油滤清器可以过滤 1~10μm 或更大尺寸的颗粒杂质。（　　）

3. 按喷射的位置不同，燃油供给系统可分为进气管喷射燃油供给系统和燃烧室直接喷射燃油供给系统两类。（　　）

4. 在拆卸高燃油压力部件之前，务必将燃油系统卸压。（　　）

5. 如果检测出燃油压力过高，则可以直接更换燃油压力调节器。（　　）

任务四 电子控制系统的拆装与检查

📝 情景导入

　　客户赵先生驾驶一辆 2018 款别克威朗轿车，近期发现发动机早晨起动困难，需要反复起动几次才能着车，着车后一切正常，仪表盘无异常显示。维修技师使用汽车故障诊断仪检查后发现在冷车时冷却液温度的数据流已达到 98℃，说明冷却液温度传感器或连接线束可能存在异常，为了确定具体故障原因，需对燃油喷射电子控制系统做进一步检查。作为汽车维修技师，请仔细查看服务顾问提供的汽车问诊表，并针对故障进行后续处理。

接车问诊表

车牌号：黑 A××××　车架号：LSGBC×××××123456　行驶里程：70000（km）

用户名：赵 ××　电话：150××××2112　来店时间：2022.9.1

用户陈述及故障发生时的状况：发动机早晨起动困难，需要反复起动几次才能着车，着车后一切正常，仪表盘无异常显示

接车员检测确认建议：冷却液温度传感器或连接线束可能存在异常，需对燃油喷射控制系统做进一步检查

车间检测确认结果及主要故障零部件：

车间检查确认者：

外观确认：

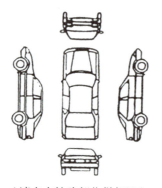

（请在有缺陷部位做标识）

功能确认：（工作正常√　不正常×）
☑音响系统　☑门锁（防盗器）　☑全车灯光
☑工具　☑后视镜　☑天窗　☑座椅
☑点烟器　☑玻璃升降器　☑玻璃

物品确认：（有√　无×）

贵重物品提示
☑工具　☑备胎
☑灭火器　☑其他（　　　）
旧件是否交还用户
☑是　□否
用户是否需要洗车
☑是　□否

　　检测费说明：本次检测的故障如用户在本店维修，检测费包含在修理费用内；如用户不在本店维修，请您支付检测费。本次检测费：¥××××元。

　　贵重物品：在将车辆交给我店检查修理前，已提示将车内贵重物品自行收起并保存好，如有遗失恕不负责。

　　接车员：王××　用户确认：赵××

电子控制系统 ECU 的存储器中，存储了各种燃油喷射控制用的控制程序。如图 6-4-1 所示，ECU 通过各种传感器监测发动机的工作状况，并利用各传感器信号及存储器中相应控制程序，精确计算发动机的每一工作循环中的最佳喷油正时、喷油顺序及喷油持续时间，因而能使发动机在各种工况下，具有最佳的动力性、经济性，以及较好的排放性、起动性与行驶性能。

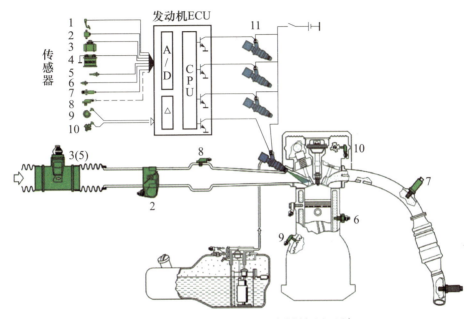

图 6-4-1　汽油机燃油喷射控制系统

1—加速踏板位置传感器　2—节气门位置传感器　3—空气流量传感器　4—蓄电池电压信号
5—进气温度传感器　6—冷却液温度传感器　7—氧传感器　8—进气压力传感器
9—曲轴位置传感器　10—凸轮轴位置传感器　11—喷油器

一、电子控制系统的主要传感器

1. 空气流量传感器

用于检测进气量的传感器主要有空气流量传感器、进气压力传感器和节气门位置传感器，它们也称为负荷传感器。其结构原理已经在前面进气系统里介绍过，这里不再赘述。

2. 曲轴位置传感器

曲轴位置传感器也作为发动机转速监测传感器，其作用是采集曲轴转动角度或发动机转速信号，并输入 ECU。作为喷油控制和点火控制的主要参数之一，ECU 还可以监测曲轴位置信号波动大小来判断发动机是否出现失火。曲轴位置传感器一般安装于曲轴前端、中部或后部（早期在变速器壳体靠近飞轮的位置）。曲轴位置传感器主要有电磁式、霍尔式和光电式，如图 6-4-2 所示。

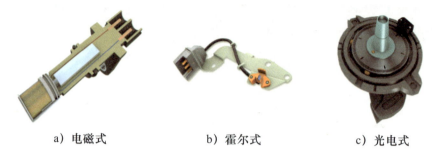

a）电磁式　　　　　　b）霍尔式　　　　　　c）光电式

图 6-4-2　曲轴位置传感器的类型

3. 凸轮轴位置传感器

凸轮轴位置传感器的作用主要是检测凸轮轴位置和转角，从而确定第 1 缸活塞的压缩上止点位置。凸轮轴位置传感器通常是霍尔式的，一般安装在气门室盖后部，传感器头部对应凸轮轴尾部的信号转子，如图 6-4-3 所示。在起动发动机时，ECU 根据凸轮轴位置传感器和曲轴位置传感器提供的信号，识别出各个气缸活塞的位置和行程，精确控制燃油喷射顺序和喷射时刻、点火顺序和点火时刻。在有些车型上，如果没有凸轮轴位置传感器的输入，发动机将不能正常起动。

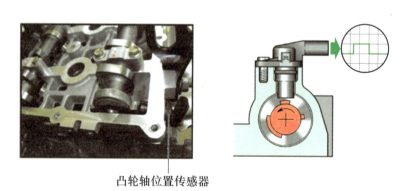

凸轮轴位置传感器

图 6-4-3　凸轮轴位置传感器

随着可变气门正时（VVT）技术的出现和发展，凸轮轴位置传感器也被赋予了新的内涵，除了用于判定各缸压缩上止点外，还要监控 VVT 系统的进气或排气凸轮是否达到预定位置。双可变气门正时（DVVT）系统的进、排气凸轮轴各有一个凸轮轴位置传感器。

4. 氧传感器

氧传感器是电子控制燃油喷射系统进行反馈控制的传感器。现代汽车上一般安装有 2 个氧传感器，分别安装在三元催化转化器的前端和后端，如图 6-4-4 所示。

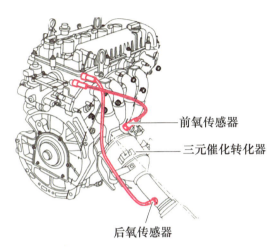

前氧传感器

三元催化转化器

后氧传感器

图 6-4-4　氧传感器的安装位置

氧传感器的功用是检测排气中的氧气含量，以确定实际空燃比是比理论空燃比大还是小，并向发动机 ECU 反馈相应的电压信号。发动机 ECU 根据氧传感器反馈的混合气浓度信号，在上次喷油量的基础上对本次喷油量进行减小或增加的修正。目前实际应用的氧传感器主要有二氧化锆式和二氧化钛式两种，如图 6-4-5 所示。

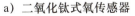

a）二氧化钛式氧传感器　　　b）二氧化锆式氧传感器

图 6-4-5　氧传感器的类型

5. 冷却液温度传感器

冷却液温度传感器一般安装在发动机水套出水口及散热器出水口的管路上，用于检测发动机冷却液的温度。ECU 用该信号检测发动机的工作热状态，对发动机的喷油量、点火提前角进行修正控制，以及与发动机温度相关的各项功能控制。

冷却液温度传感器主要由热敏电阻、传热外壳及接线端子等部件组成，其核心部件是负温度系数热敏电阻（NTC），如图 6-4-6 所示。负温度系数热敏电阻的特性是它的阻值随温度上升而减小，因此，温度越高，温度传感器的电阻越小。

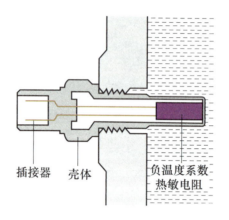

插接器　壳体　　　　负温度系数热敏电阻

图 6-4-6　冷却液温度传感器

6. 爆燃传感器

爆燃传感器的作用是将发动机的振动频率转换成电压信号输送给 ECU，ECU 根据输入电压信号对是否爆燃进行判断，如图 6-4-7 所示。当发动机发生爆燃时，ECU 控制逐步减小点火提前角以消除爆燃；当发动机没有发生爆燃时，ECU 又会逐步增大点火提前角来使发动机获得最大的转矩。爆燃传感器有磁致伸缩式和压电式。

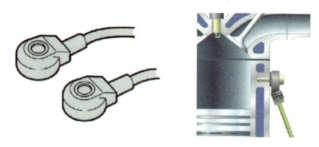

图 6-4-7　爆燃传感器

二、电控发动机喷油控制

1. 喷油正时控制

喷油正时也称为喷油时刻，是指 ECU 对喷油器喷油的开始时刻进行的控制。对于间歇喷射方式，按照喷油时刻可分为同步喷射与异步喷射。同步喷射是指燃油喷射与发动机曲轴的转角同步，并在一定的曲轴转角位置进行喷射。异步喷射与曲轴旋转角度无关，ECU 是根据传感器输入的信号来控制喷射时间，如起动、急加速时控制的临时性喷射。

在常用的同步喷射系统中，发动机在工况稳定的大部分运转时间内，电控燃油喷射系统是以同步喷射方式工作的；而在起动、加速等过渡工况时，电控燃油喷射系统还要以异步喷射方式工作。

2. 喷油量（喷油持续时间）控制

喷油量控制就是对喷油器的喷油持续时间的控制，其目的是使发动机所需的可燃混合气的空燃比符合工况要求。

喷射持续时间由基本喷射时间和校正喷射时间两部分组成。其中，基本喷射时间由发动机的进气量和转速确定，进气量越大、转速越低，基本喷射时间越长；校正喷射时间包括起动加浓校正、预热加浓校正、空燃比反馈校正、加速加浓校正、燃油切断控制、功率加浓校正和进气温度校正等，如图 6-4-8 所示。

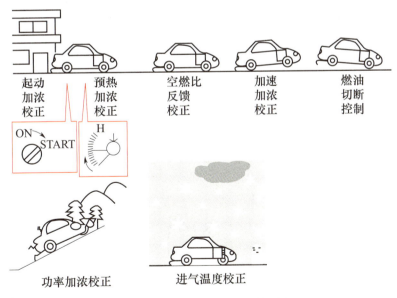

图 6-4-8　各种校正喷射时间

（1）起动加浓校正　由于起动时发动机的转速和进气量变化较大，难以用转速和进气量来确定喷油量。因此，起动时的燃油喷射持续时间一般由冷却液温度来决定。冷却液温度由冷却液温度传感器来检测。冷却液温度越低，燃油的雾化性越差，喷射时间越长，从而得到越浓的混合气，如图6-4-9所示。

（2）预热加浓校正　在冷机起动后，由于发动机还未达到正常工作温度，燃油不容易雾化，喷油量需要适当增加，从而获得较浓混合气，因此，发动机ECU将增加燃油喷射时间。随着冷却液温度的升高，燃油喷射时间的增加量逐步减少，如图6-4-10所示。

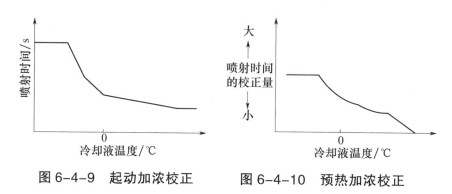

图6-4-9　起动加浓校正　　　　图6-4-10　预热加浓校正

（3）空燃比反馈校正　　ECU利用氧传感器的理论空燃比附近信号阶变的特性，通过空燃比反馈修正的闭环控制，可将基本喷油量精确地控制在理论空燃比附近。如果氧传感器检测的信号反映空燃比高于理论值，则说明混合气偏稀，ECU将增加喷射时间，从而使混合气变浓；如果从氧传感器检测的信号反映空燃比低于理论值，则说明混合气偏浓，ECU将减少喷射时间，从而使混合气变稀。如此循环，确保空燃比保持在理论值附近，如图6-4-11所示。

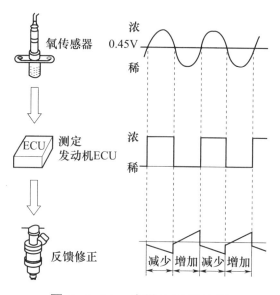

图6-4-11　空燃比反馈校正

（4）加速加浓校正 汽车突然加速时，特别是在突然加速的开始阶段，由于燃料供应的增加滞后于进气量的增加，造成混合气瞬时变稀，有可能引起发动机暂时熄火或燃烧不良，使汽车产生加速不良现象。为了避免出现这一问题，在汽车突然加速时，发动机 ECU 会瞬时延长燃油喷射时间，增加喷油量，以防止混合气瞬时偏稀。

加速加浓的多少取决于节气门开度的变化速度：节气门开启越快，加速加浓校正越多，如图 6-4-12 所示。

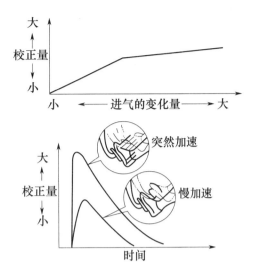

图 6-4-12 加速加浓校正

（5）燃油切断控制 在减速过程中，为了减少有害气体的排放及增加发动机的制动效果，ECU 将根据减速的具体条件停止燃油喷射。

ECU 对减速状态的判断取决于节气门的开度和发动机的转速，当节气门关闭且发动机转速较高时，ECU 就判定汽车在减速，并进行燃油切断控制，停止燃油喷射；当发动机转速低于另一个预定值或者节气门重新开启时，将重新开始燃油喷射。

（6）功率加浓校正 在高负荷情况下，比如当汽车在爬陡峭的山路时，发动机需要发出较大的功率，此时混合气稍浓一些则比较有利，为此，ECU 将适当增大喷油量。ECU 对功率负荷（也称大负荷）的判断依靠是节气门的开度、发动机的转速和进气量。

（7）进气温度校正 由于空气密度随空气温度的变化而变化，因此，需要根据进气温度对喷油量进行校正，即根据进入气缸中的空气温度来增加或减少燃油的量。

进气温度由进气温度传感器进行检测。发动机 ECU 将空气温度设定为标准值（20℃）；当进气温度低于标准值时，空气密度增加，校正量也随之增加；当进气温度高于标准时，空气密度降低，校正量也随之减少。

三、电子控制系统主要传感器的拆装注意事项

以 2018 款别克威朗轿车为例：

1）拆卸传感器前要先断开蓄电池负极电缆。

2）拆装传感器紧固件时，不得在紧固件或紧固件连接表面上使用油漆、润滑剂或防蚀剂，这些涂层会影响紧固件的转矩和夹紧力并会损坏紧固件。

3）安装传感器紧固件时，务必使用正确的紧固顺序和紧固规格，以避免损坏零件和系统。

4）传感器紧固件应该手动紧固，完全就位且不能脱落。

5）拆装传感器时，注意检查传感器表面油污尘土、积炭、油液等污物，及时清洁。

6）不允许将传感器的密封装置损坏，更不允许用水冲洗。

四、电子控制系统主要部件的检修

以 2018 款别克威朗轿车为例进行相关检查操作。

1. 电子控制系统主要传感器的检修

（1）各传感器故障现象　不同传感器元件或其电路发生故障时，会产生不同的故障现象。电子控制系统的主要传感器故障与发动机故障现象之间的对应关系见表 6-4-1。

表 6-4-1　电子控制系统主要传感器故障与发动机故障现象之间的对应关系

传感器名称	发动机故障现象
空气流量传感器	发动机起动困难，性能失常，怠速不稳，加速时回火、放炮，油耗大、爆燃等现象
进气压力传感器	发动机起动困难，性能失常，加速性变差，怠速不稳，油耗大
节气门位置传感器	发动机起动困难，怠速不稳，发动机性能不良，易熄火，减速时负载变化时会有颠簸
冷却液温度传感器	汽车在很低的温度下冷起动困难、怠速不稳、燃油消耗增加、废气排放增加等故障
曲轴位置传感器	发动机不能起动、加速不良、怠速不稳、间歇性熄火等故障
凸轮轴位置传感器	发动机的输出功率会降低、加速不良、怠速不稳
氧传感器	发动机性能不良，怠速不稳，油耗加大，排放污染增加，空燃比失常，火花塞积炭
爆燃传感器	爆燃，点火正时失准，高油耗，功率降低，发动机工作粗暴

（2）传感器的检测方法

1）故障征兆现象判断法。依据故障征兆，运用经验判断，是最直观、最简单的解决车辆故障和判断传感器好坏的方法。但这种方法有两个缺点：一是经验积累时间较长，短时间内不可能达到很高水平；二是判断结果准确率低，误判的可能性较大。

2）解码检测法。利用汽车故障诊断仪读取故障码，可以快速地判断出故障的大致方向和部位，为传感器的检测和排查提供了方向。

3）万用表检测法。电控系统传感器常见故障是连接电路发生断路或短路，检修时，可用高阻抗数字万用表的电阻档或电压档检测传感器的电阻值或信号电压值来判断传感器是否正常。

4）示波器检测法。示波器主要用来显示控制系统中输入、输出信号的电压波形，以供维修人员根据波形分析判断电控系统故障。示波器比一般电子设备的显示速度快，是唯一能显示瞬时波形的检测仪器。示波器检测法是最准确、最直观的检测方法，可以将传感器的输出电流或电压以波形的形式显示出来，也是传感器等电气元件检测的发展方向。

5）模拟法。模拟法就是用在断开传感器连接，其他线路连接正常的情况下，用传感器模拟测试仪模拟汽车电脑的输入信号，代替传感器工作，依据故障现象的消失或存在的情况来判断传感器好坏的方法。利用此类模拟法对电控系统传感器及其线路故障的诊断，可简化分析过程、缩短诊断时间、减少因盲目更换配件而带来的经济损失。

6）替代法。替代法就是对于可疑传感器，通过试换的方法来查找故障，又称试换法。替代法可确定故障部位或缩小故障范围，但不一定能确定故障原因。在检修传感器时，最好使用相同车型、相同年款、相同型号、相同规格的传感器，暂时替代有疑问的传感器。替代后如故障现象未消失，说明该故障并不是因为该传感器而引起，故障在其他部分。

⚠ **思考** 传感器的检测方法有哪些？尝试一下还能找到其他检测方法吗？

2. 发动机电控单元（ECU）的检修

（1）ECU 的故障现象　发动机电控单元（ECU）本身及线路不良，会造成发动机起动困难或不能起动、怠速不稳甚至熄火、加速不良、排气管冒黑烟等故障。其主要原因是 ECU 防盗、ECU 线路接触不良、插头氧化或脱落，外来水分进入造成 ECU 损坏，维修时操作不当而烧坏 ECU。

（2）ECU 的检查　ECU 及其控制线路故障可用该车型的 ECU 检测仪或通用于各车型的汽车 ECU 诊断仪来检查。如果没有这些仪器，也可利用万用表测量 ECU 一侧插座上各端子的电压或电阻，以判断 ECU 及其控制线路有无故障。

用这种方法检测 ECU 及控制线路的故障，必须以被测车型的详细维修技术资料为依据。这些资料包括：该车型 ECU 线束插头中各端子与控制系统中的哪些传感器、执行器相连接；各端子在发动机不同工作状态下的标准电压值。检测时如发现异常，表明有故障：与执行器连接部分异常，表明 ECU 有故障；与传感器连接部分异常，可能是传感器线路有故障。

📝 课程育人

汽车发动机电子控制系统也称发动机管理系统（Engine Management System，简称 EMS）。EMS 是发动机系统和整车的核心部件，也是决定整车的油耗、排放、动力性及驾驶性能的关键因素之一。

在以汽油机和柴油机为动力的现代汽车上，EMS 以其低排放、低油耗、高功率等优点而获得迅速发展，且日益普及。但由于 EMS 技术长期以来被国外跨国厂商垄断，曾是制约我国汽车工业自主化的主要瓶颈之一。通过国内厂商多年的努力，武汉菱电汽车电控系统股份有限公司率先开发出具有自主知识产权的发动机管理系统，实现了汽车动力电子控制系统化的国产化。

近年来，环境污染问题日益凸显，随着我国环保政策、能源政策的大力推动与实施，汽车排放法规日益严格。在传统汽车领域，伴随车联网、物联网技术的发展，EMS 系统也将在与其他控制系统实现网络互联、信息共享、集成优化统一控制方面深入发挥其优势，凸显其价值，成为我国汽车工业发展的焦点之一。

⚠️ **思考** EMS 技术是如何在环境保护与能源安全领域发挥其价值的？

📝 巩固提升

一、选择题

1. 下列关于曲轴位置传感器说法不正确的是（　　　　）。

A. 它的作用是采集曲轴转动角度或发动机转速信号，并输入 ECU

B. 曲轴位置传感器信号是喷油控制和点火控制的主要参数之一

C. 曲轴位置传感器信号可反映第 1 缸活塞的压缩上止点位置

D. 曲轴位置传感器主要有电磁式、霍尔式和光电式几种类型

2. 冷却液温度传感器一般安装在（   ），用于检测发动机冷却液的温度。

    A. 发动机水套进水口管路上及散热器进水口的管路上

    B. 发动机水套进水口管路上及散热器出水口的管路上

    C. 发动机水套出水口管路上及散热器进水口的管路上

    D. 发动机水套出水口管路上及散热器出水口的管路上

3. 如果氧传感器检测的信号反映空燃比高于理论值，则说明（   ）。

    A. 混合气偏稀，ECU 将减少喷射时间，从而使混合气变浓

    B. 混合气偏稀，ECU 将增加喷射时间，从而使混合气变浓

    C. 混合气偏浓，ECU 将减少喷射时间，从而使混合气变稀

    D. 混合气偏浓，ECU 将增加喷射时间，从而使混合气变稀

4. 电控汽油机喷油器的喷油开始时刻和喷油的持续时间由（   ）进行控制。

    A. 电控单元   B. 开关

    C. 电磁阀   D. 传感器

5. 对于一个定型的电控汽油机喷油器来说，其喷油量取决于（   ）。

    A. 喷油孔截面积   B. 喷油压力

    C. 喷油持续时间   D. 喷孔大小

二、判断题

1. 现代汽车上一般安装有 1 个氧传感器。   （   ）

2. 喷油量控制就是对喷油器的喷油持续时间的控制，其目的是使发动机所需的可燃混合气的空燃比符合工况要求。   （   ）

3. 节气门开启越快，加速加浓校正越少。   （   ）

4. 拆装传感器紧固件时，不得在紧固件或紧固件连接表面上使用油漆、润滑剂或防蚀剂，这些涂层会影响紧固件的转矩和夹紧力并会损坏紧固件。   （   ）

5. 模拟法可简化分析过程、缩短诊断时间、减少因盲目更换配件而带来的经济损失。   （   ）

点火系统是发动机工作最根本的动力来源，是汽车所有系统当中重要的一部分，也是将汽油转换为动力源泉的系统。汽车点火系统性能的好坏、工作效率的高低对发动机功率、汽车油耗高低和尾气排放都有着很大的关系。

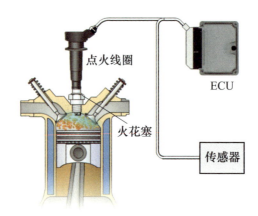

学习目标

知识目标

1. 能够描述点火系统的功用及分类。

2. 能够描述独立点火系统的结构及工作原理。

技能目标

1. 能够完成火花塞外观检查、间隙测量、绝缘电阻测量。

2. 能够完成点火正时检查。

素质目标

1. 培养良好的职业道德和工匠精神。

2. 培养安全意识和团队协作精神。

3. 培养自我管理和自主学习能力。

任务 点火系统的工作原理与检修

情景导入

　　客户赵先生驾驶一辆 2018 款别克威朗轿车，早晨起动车辆后，发现仪表上发动机故障指示灯常亮以及发动机转速表指针抖动。维修技师初步检查后发现多缸火花塞存在严重积炭现象。为了确定具体故障原因，需对点火系统做进一步检查。作为汽车维修技师，请仔细查看服务顾问提供的汽车问诊表，并针对故障进行后续处理。

接车问诊表

车牌号：黑 A×××××　车架号：LSGBC×××××242755　行驶里程：154582（km）
用户名：赵 ××　电话：150×××2112　来店时间：2022.9.1
用户陈述及故障发生时的状况：早晨起动车辆后，发现仪表上发动机故障指示灯常亮以及发动机转速表指针抖动
接车员检测确认建议：检查点火系统
车间检测确认结果及主要故障零部件：
车间检查确认者：

外观确认：	功能确认：（工作正常√　不正常×）
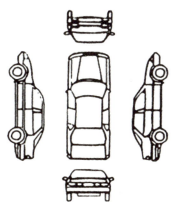 （请在有缺陷部位做标识）	☑音响系统　☑门锁（防盗器）　☑全车灯光 ☑工具　☑后视镜　☑天窗　☑座椅 ☑点烟器　☑玻璃升降器　☑玻璃 物品确认：（有√　无×） 　贵重物品提示 　☑工具　☑备胎 　☑灭火器　☑其他（　） 　旧件是否交还用户 　☑是　□否 　用户是否需要洗车 　☑是　□否

　　检测费说明：本次检测的故障如用户在本店维修，检测费包含在修理费用内；如用户不在本店维修，请您支付检测费。本次检测费：¥××××元。

　　贵重物品：在将车辆交给我店检查修理前，已提示将车内贵重物品自行收起并保存好，如有遗失恕不负责。

　　接车员：张××　用户确认：赵××

一、点火系统的功用及分类

1. 点火系统的功用

点火系统的功用是将低压电（12V）转变成高压电（15～25kV），并按发动机的点火顺序，在规定时刻供给火花塞足够能量的高压电，使火花塞产生电火花，点燃可燃混合气，使发动机做功。

2. 点火系统的分类

点火系统按点火触发方式不同可分为传统点火系统、电子点火系统和微机控制点火系统（电控点火系统），如图 7-1-1 所示。随着汽车电子技术的快速发展，目前传统点火系统和电子点火系统已经逐渐淘汰，现代汽车广泛采用微机控制点火系统。

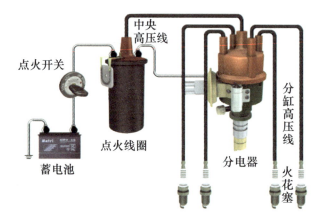

a）传统点火系统

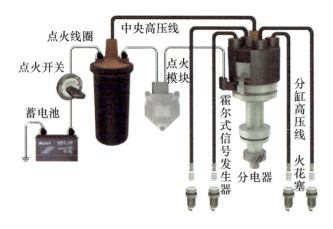

b）电子点火系统

图 7-1-1　点火系统的分类

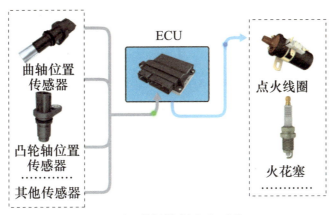

c) 微机控制点火系统

图 7-1-1　点火系统的分类（续）

　　微机控制点火系统按高压电分配方式不同可分为有分电器微机控制点火系统和无分电器微机控制点火系统，如图 7-1-2 所示。其中，有分电器微机控制点火系统保留了分电器，点火线圈产生的高压电经分电器中的配电器分配至各缸，使各缸火花塞按点火顺序依次点火；无分电器微机控制点火系统（直接点火系统）取消了分电器，点火线圈上的高压线直接与火花塞相连。

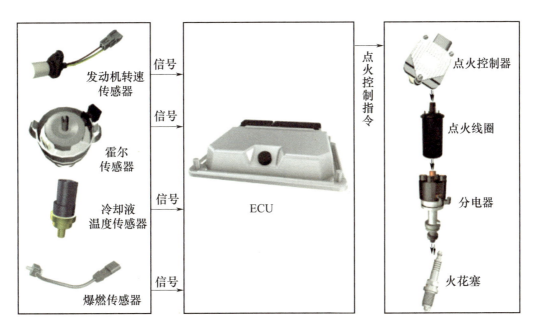

a) 有分电器微机控制点火系统

图 7-1-2　微机控制点火系统按高压电分配方式不同分类

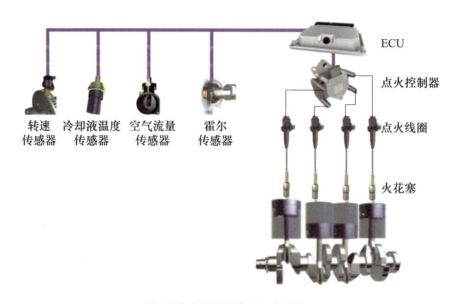

b）无分电器微机控制点火系统

图 7-1-2　微机控制点火系统按高压电分配方式不同分类（续）

　　无分电器微机控制点火系统按点火方式不同可分为独立点火系统和同时点火系统，如图 7-1-3 所示。其中，独立点火系统是指每缸的火花塞配备一个点火线圈，单独对每个气缸点火；同时点火系统是指每两缸的火花塞配备一个点火线圈，同时对两个气缸点火，一个气缸是有效点火，一个气缸是无效点火。

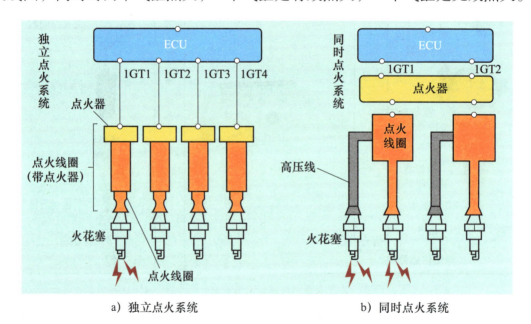

a）独立点火系统　　　　　b）同时点火系统

图 7-1-3　无分电器微机控制点火系统按点火方式不同分类

有分电器微机控制点火系统与无分电器微机控制点火系统中的同时点火系统已经逐渐被淘汰，下面重点介绍无分电器微机控制点火系统的另一种类型，即独立点火系统。

二、独立点火系统的结构及工作原理

1. 独立点火系统的组成

独立点火系统主要由各个传感器（曲轴位置传感器、凸轮轴位置传感器、爆燃传感器、冷却液温度传感器、节气门位置传感器和进气压力传感器）、发动机 ECU、点火线圈及火花塞等组成。

（1）点火线圈　点火线圈主要由点火模块、初级绕组、次级绕组、铁心及钢壳等组成，如图 7-1-4 所示。

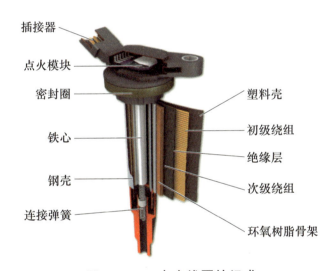

图 7-1-4　点火线圈的组成

点火线圈的工作原理，如图 7-1-5 所示。点火线圈中的点火模块接收发动机 ECU 的点火控制信号，当某缸的控制信号为低电平时，点火控制器中对应此缸的功率晶体管导通，初级绕组通电，并在铁心中产生磁场，作为磁能储存；当某缸的控制信号变为高电平时，对应此缸的功率晶体管截止，初级绕组断电，铁心中的磁场迅速消失，次级绕组产生高压电，高压电被送至火花塞跳火。

（2）火花塞

1）火花塞的功用：火花塞的功用是将点火线圈产生的高电压引入燃烧室，并在火花塞两电极之间产生电火花，以点燃可燃混合气。

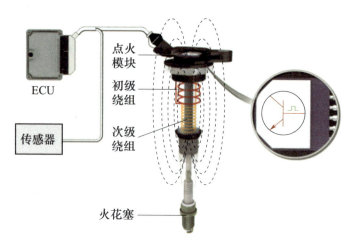

图 7-1-5　点火线圈的工作原理

2）火花塞的结构：火花塞主要由中心电极、侧电极、壳体和陶瓷绝缘体等组成，如图 7-1-6 所示。火花塞的陶瓷绝缘体固定在钢制壳体内，以保证中心电极与侧电极之间绝缘。在陶瓷绝缘体中心孔中装有金属杆和中心电极，金属杆顶端与点火线圈的高压线相连，金属杆底端与中心电极之间用导电玻璃密封。中心电极用镍—锰合金制成，具有良好的耐高温、耐腐蚀和导电性能。壳体下端是弯曲的侧电极，它与中心电极之间保持一定的间隙。火花塞通过壳体上的螺纹安装在气缸盖上，铜制密封垫圈可起到密封和传热的作用。

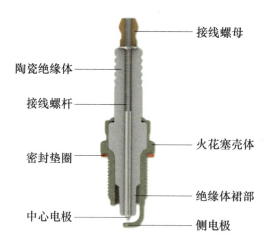

图 7-1-6　火花塞的组成

3）火花塞的热特性：发动机工作时，火花塞绝缘体裙部的温度对其工作性能有很大的影响。温度过低，落在火花塞绝缘体裙部上的汽油或机油容易形成积炭，导致火花塞漏电而不跳火；温度过高，则容易引起发动机表面点火和爆燃，火花塞绝缘体裙部温度保持 500~700℃时，既能使落在火花塞绝缘体裙部上的油滴立即燃烧，又不至于引起发动机表面点火和爆燃，该温度称为火花塞的自洁温度。

火花塞绝缘体裙部的温度取决于其受热情况和散热条件。火花塞绝缘体裙部长，受热面积大而传热距离长，工作时温度就高，称为热型火花塞，如图 7-1-7 所示；火花塞绝缘体裙部短，则受热面积小而传热距离短，工作温度低，称为冷型火花塞，如图 7-1-8 所示。国产火花塞的热特性就是用火花塞绝缘体裙部长度标定的热值来表示的，火花塞的热值代号由 1 到 11 表示。其中热值代号为 1~3 的称热型火花塞；热值代号为 4~6 的称中型火花塞；热值代号为 7~11 的称冷型火花塞。

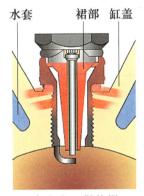
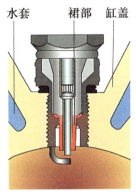

图 7-1-7　热型火花塞　　图 7-1-8　冷型火花塞

为保证发动机的正常工作，不同的发动机应配用不同热值的火花塞。热型火花塞适用于压缩比低、转速低、功率小的发动机；冷型火花塞则适用于压缩比高、转速高、功率较大的发动机。

2. 独立点火系统的工作原理

发动机运行时，发动机 ECU 不断地采集发动机的曲轴位置、凸轮轴位置、冷却液温度及进气压力等信号，并与微机内部存储器当中预先储存的最佳控制参数进行比较，确定出该工况下最佳点火提前角和初级电路的最佳导通时间，并以此向点火控制模块发出指令。点火控制模块根据 ECU 的点火指令，控制点火线圈初级回路的导通和截止。当电路导通时，有电流从点火线圈中的初级绕组流过，点火线圈此时将点火能量以磁场的形式储存起来。当初级绕组中的电流被切断时，在次级绕组中将产生很高的感应电动势，该高压加在火花塞上，点火能量被瞬间释放，并迅速点燃气缸内部的混合气，发动机完成做功过程。

⚠️ **思考** 若发动机的曲轴位置传感器信号失效，点火系统还能正常工作吗？

三、点火系统的要求

1. 高压要求

高压要求即点火系统应能够产生足以击穿火花塞电极间隙的高电压。影响击穿电压的因素有火花塞两电极间隙、电极的温度与极性、气缸内混合气的压力与温度和发动机的工作情况等。发动机正常工作时击穿电压一般均在 15kV 以上；发动机在满载低速时击穿电压为 8~10kV；起动时需要 19kV 的电压。考虑各种不利因素的影响，通常点火系统的设计电压为 20~30kV。

2. 高能要求

高能要求即电火花应具有足够的点火能量。发动机正常工作时，由于混合气压缩终了的温度很高，此时所需的点火能量很小（1~5mJ）。但在发动机起动、怠速运转以及急加速时，则需要较高的点火能量。因此，为了保证可靠点火，通常要求点火系统提供的火花能量不得低于 50mJ。

3. 正时要求

正时要求即点火时间应与发动机的工作情况相适应。一是点火系统应按照发动机的做功顺序进行点火，即点火顺序和做功顺序一致；二是点火系统必须在对发动机工作最有利的时刻点火。一般用点火提前角来描述点火时刻。

点火提前角是指从火花塞电极跳火开始到其运行至压缩上止点为止这一段时间内曲轴所转过的角度。通常把能够保证发动机输出功率最大、油耗最低的点火提前角称为最佳点火提前角。不同型号发动机的最佳点火提前角各不相同，并且同一台发动机在不同的工况和使用条件下最佳点火提前角也不相同。因此，点火系统必须能够随发动机工况的变化，自动调整点火提前角，以保证发动机的最佳性能。

四、火花塞的拆装注意事项

以 2018 款别克威朗轿车为例：

1）拆卸火花塞前，需使用压缩空气清洁火花塞安装孔上方污物，防止拆卸火花塞后，污物掉入气缸。

2）拆卸火花塞时，应使用火花塞专用套筒进行拆卸。

3）拆卸火花塞后，应使用抹布覆盖火花塞安装孔上方，防止异物掉入气缸。

4）安装火花塞前，应检查火花塞专用套筒是否卡紧火花塞，防止安装火花塞时，火花塞掉落造成侧电极弯曲。

5）安装火花塞后，应使用扭力扳手按照规定力矩进行紧固。

五、独立点火系统的检修

独立点火系统的检修主要包括火花塞外观检查、火花塞间隙测量、火花塞绝缘电阻测量、点火正时检查等内容。

1. 火花塞外观检查

如果火花塞工作正常，则各缸火花塞外观应该是一样的。若某个气缸的火花塞外观与其他气缸的火花塞外观不一样，则表明该缸火花塞、点火线圈及其他相关系统可能存在问题。火花塞外观检查主要包括以下几个方面。

1）火花塞积炭。如图 7-1-9 所示，这种情况一般是混合气过浓或火花塞不能正常点火引起的。只要将火花塞的电极进行清理，恢复原来的间隙，就可以继续使用。若发动机长时间怠速或低速运行造成积炭，建议更换热值高一些的火花塞。

图 7-1-9　火花塞积炭

2）火花塞油污。如图 7-1-10 所示，机油可能通过已经磨损的气门导管或气门导管油封进入发动机燃烧室，造成火花塞尖端被过多的机油浸透。当发现火花塞出现油污后，应更换新的火花塞。

图 7-1-10　火花塞油污

3）火花塞电极烧蚀。如图 7-1-11 所示，这种情况一般是发动机温度过高引起的，其特点是电极熔化或者电极端部被削减变形。出现烧蚀时，应更换新的火花塞。

图 7-1-11　火花塞电极烧蚀

4）火花塞裙部绝缘体光亮。火花塞裙部绝缘体光亮是指燃烧室内的积炭在火花塞绝缘体上形成一层光亮的黄色光滑面。当该光滑面达到足够高的温度时，会成为导电体，从而使电流通过积炭而流过火花塞间隙。出现这种现象一般是在低速或者怠速行驶一段时间后猛踩加速踏板加速造成的。此时，应更换新的火花塞。

2.火花塞间隙测量

使用火花塞塞尺测量中心电极和侧电极之间的间隙，如超过标准值 0.7~0.8mm，则使用专用工具扳动侧电极来调整火花塞至标准间隙。

3.火花塞绝缘电阻测量

使用万用表电阻档测量火花塞接线柱与火花塞螺纹处之间的电阻值，阻值应为无穷大；否则说明火花塞绝缘不良，应更换该火花塞。

4.点火正时检查

检查点火正时有使用检测仪和不使用检测仪两种方法，这里介绍使用检测仪的方法。

检查点火
正时

1）起动发动机预热并停止发动机。

2）将检测仪连接至诊断接口，起动发动机。

3）打开检测仪，进入发动机系统，读取点火正时数据流。点火正时数据流应为 4°~8°。

4）将点火开关转至"OFF"档，从诊断接口断开检测仪。

课程育人

随着科技的进步和全球智能化需求，汽车上的很多核心管理系统也逐渐数字化、智能化。这些先进的设备设施让人们充分体验了科技进步带来的便利，也大大增强了一些车上控制系统的安全性。但不可否认的是，即使拥有更强大脑的先进设备也会出错，由此也酿成很多事故。

无钥匙点火系统一度风靡全球。顾名思义，有了这套系统，车主无须使用钥匙，而是携带一张可以轻松放在包内或口袋里的智能卡，通过卡片里的芯片感应，按下车内按键或拧动导板即可使发动机点火。这项技术确实给车主带来了便利，同时也帮助汽车制造商节约了成本，因此它得以在整个汽车行业迅速推广。

2014年通用汽车发生了因点火装置缺陷导致大量人员伤亡的事故。自此之后，他们为旗下所有的车型配备了无钥匙点火系统，配备了此功能的汽车不需要传统的钥匙来物理关闭点火开关。虽然这减少了汽车运行时的危险，但是

一旦忘记关闭点火开关，或者没有意识到车辆还在运行，也会造成不幸事故的发生。

⚠ **思考** 现如今人们的生活越来越依赖高科技，你认为这样好不好？为什么？

✏ 巩固提升

一、选择题

1. 点火模块接收（　　）的点火控制信号，当点火模块接收到点火指令时，点火控制器晶体管导通，初级电流流过初级绕组产生磁场。

   A. ECU
   B. 初级绕组
   C. 火花塞
   D. 次级绕组

2. 火花塞主要由陶瓷绝缘体、壳体、中心电极和（　　）等组成。

   A. 密封圈
   B. 插接器
   C. 塑料壳
   D. 侧电极

3. 发动机运行时，ECU 不断地采集发动机的曲轴位置、凸轮轴位置、冷却液温度及进气压力等信号，确定出该工况下（　　）和初级电路的最佳导通时间。

   A. 点火提前角
   B. 爆燃信号
   C. 振动频率
   D. 气缸内压力

4. 下列选项中，说法错误的是（　　）。

   A. 火花塞的功用是将点火线圈产生的低电压引入燃烧室，并在火花塞两电极之间产生电火花，以点燃可燃混合气。

   B. 直接点火系统取消了分电器，点火线圈上的高压线直接与火花塞相连。

   C. 影响击穿电压的因素有火花塞两电极间隙、电极的温度与极性等。

   D. 侧电极与中心电极之间保持一定的间隙。

5. 现代汽车广泛采用的点火系统为（　　）。

   A. 传统点火系统
   B. 电子点火系统
   C. 独立点火系统
   D. 同时点火系统

二、判断题

1. 点火系统能在气缸内适时、准确地产生电火花，从而点燃可燃混合气。

　　　　　　　　　　　　　　　　　　　　　　　　　　　　（　　）

2. 无分电器微机控制点火系统按点火方式不同，可分为独立点火系统和同时点火系统两种。　　　　　　　　　　　　　　　　　　　　　（　　）

3. 当发现火花塞产生积炭后，必须更换新的火花塞。　　　　　　（　　）

4. 最佳点火提前角可以大大提高发动机的动力性、燃油经济性和排放性。

　　　　　　　　　　　　　　　　　　　　　　　　　　　　（　　）

5. 同时点火系统可以同时对所有气缸进行点火。　　　　　　　　（　　）